沉默

台灣某特教學校集體性侵事件

陳昭如 著

我們出版

凝視他人之痛苦

何榮幸 — 資深新聞工作者

這篇序文，久久無法下筆。

長達一個星期，鍵盤只能敲出隻字片語，沒辦法留下完整段落。電腦視窗開開關關，最後發現始終繞著這句話打轉：如何凝視他人之痛苦？

本書選擇了極具爭議、非常私密但又必須接受公評的社會議題，努力進行挖掘真相的工作。

像在剝洋蔥，扒開第一層時，辛辣撲面而來，眼淚泫然而下。你以為挑戰就是如此了，其實還早得很。每卸下一層，眼淚還是不爭氣地往下掉，彷彿永遠沒有盡頭……

然而，一項已經被媒體大幅報導過的爭議事件，有必要再度攤在陽光下，重新揭露可能因為時間流逝而逐漸消退的所有傷痕？

這個問題很難回答，從不同角度出發，顯然會有不同答案。若從調查報導或報導文學的視野觀之，只要攸關公共利益，無論過程如何痛苦，剝洋蔥都是調查報導或報導文學無可迴避的天職

之一，並不會因為事過境遷而有所改變。

要不要剝洋蔥是一回事，有沒有勇氣與能力剝完，則是另一回事。

特教、性侵，這兩個敏感領域複雜交錯。稍有不慎，就可能讓受害者蒙受二度傷害。若是偏聽，就可能讓過剩的正義感主導與預設結論。探索真相的過程如此憂傷與幽微，身為新聞工作者，換成是我，未必有勇氣長期投入完成這項工作。

而特教學校集體性侵事件牽涉範圍之廣，更令關心者為之卻步。從相關當事人的多元歧異觀點，到教育體系的自成一格運作機制，再到事件背後極其深刻的社會心理因素，每一層都需要檢視與觀照，以免見樹不見林而忽略結構性問題。

就此而言，作者陳昭如展現了令人肯定的勇氣與能力，並且承擔伴隨而來的風險與代價。

陳昭如在盡力還原真相的過程中，一方面時時提醒社會重視事件背後的結構性問題，另一方面則時時提醒自己敘事詮釋必須自我克制。所以她既有這樣的義憤：「我有種很深的感慨：那些聽不見孩子痛苦的人，才是真正的聽障。沉默，就等於是默許惡行的存在，而默許惡行，就是罪行。」也有這樣的自制：「我想以樸實的文字忠實描繪事件始末，並有意隱去校名及所有涉案人士名字，目的不在於追究個人的是非對錯。制度的、觀念的改革，才是解決之道。」「我不確定自己是否是有資格拿石頭的人。」

本書因而不只是旁觀，而是深刻凝視這樁不幸事件中他人之痛苦，希望台灣社會能夠真正記取教訓。

透過本書重新凝視該特教學校集體性侵事件，讀者的內心將遭受巨大撞擊。時至今日，校園性侵事件受害者的年輕心靈，仍需承受如此孤獨、無助、重複、漫長之痛苦，而結構性問題的解決卻彷彿遙遙無期……那種不知今夕何夕的驚愕，以及對於教育體制（包括其中企圖卸責的個人）的強烈質疑，掩上書頁後仍久久無法釋然。

但也因為讀者必須跟隨作者一起凝視他人之痛苦，當事件中的受害者大多呈現出有血有淚的立體形象，而涉案人士大多只能透過資料檔案被看見時，難免會產生另一種凝視他人痛苦之落差印象。在各項主客觀條件限制下，作者能夠深入訪談受害者及家長，已經難能可貴；至於涉案人士可能存在卻不易被揭露的痛苦，則容或是關切此議題者值得繼續探索之處。

如何凝視他人之痛苦，我們都還在學習的過程中。

聽！沉默在吶喊

張 萍 —— 人本教育文教基金會南部聯合辦公室主任

一轉眼，因案接觸這所學校已經八年了。

八年前，我們協助處理女學生受性侵的案件，當時家長在意的就是，為什麼當小孩寫紙條求救時，學校老師沒有幫忙。那時我們以為這是個單一個案；五年前，因為學校不肯解聘猥褻學生的男老師，我們只好去電威脅，如不解聘，將去校門口拉布條抗議，校方悻悻然做出決議。那時我們以為只要給壓力，就有機會讓學校改正；三年前，在處理了那麼多件個案，和學校來來回回溝通那麼多次之後，我們赫然發現，不理會小孩的求救、不通報、不調查等等消極不作為，在這所百年老校竟然是常態。

這所學校到底是怎麼回事呀？很多人問我這個問題。我始終回答不出來。我不知道為什麼我們的國家會讓一群不懂手語的人來當聽障學校的特教老師？我不知道為什麼平均師生比1：2的情況下，還可以將小孩照顧成這樣？我不知道為什麼當小孩求救時，同樣在校車上的那位大人可

以硬下心腸不理？我不知道為什麼立法委員也關心了，社會也關注了，教育部長也承諾了，可是小孩就是得不到充分的專業輔導協助？我不知道為什麼外界都議論紛紛，希望這所學校徹底改變時，而新任校長還可以帶著小孩去麥當勞練習說英語粉飾一切，更何況那是台灣的麥當勞！更何況不是應該請麥當勞也學學手語，而不只是要孩子付出心力嗎？

我最怕的就是，其實，學校知道他們有靠山。不只是顢頇的教育部，為了我們弄不明白的好處力挺學校，讓學校很放心。我更怕的是，學校很知道，這個社會對於要受特殊教育的小孩，本來就沒有充分的接觸與了解，於是關心的層次也很淺薄，只要有個地方待著，政府、社會就以為已經完成對這些孩子的善心與責任了。只要不看到他們的處境，政府、社會就可以在想像中以為，一切還好。這讓我常常半夜想起，不寒而慄。

當昭如願意將自己投進來，為這些孩子寫報導，我們想，終於有機會，讓社會正視這些處境了。第一次見面，我們就在彼此面前掉淚了，我知道昭如是受到這些事件的衝擊，她那柔軟的心，為著孩子不捨不忍，而我原本以為自己已流乾的淚，在遇到昭如，竟又湧上。唉，昭如那閃著淚的眼，彷彿說著，我知道這個痛，我懂。不是外表激動的正義，卻是帶著深刻同理。有這樣一個人，可以為孩子說話，我的淚就這樣複雜地流出來了。

原本我們擔心，性侵事件的相關人等，不容易訪談。畢竟，這是家庭中最不願意碰觸的事

件。雖然這些孩子與家長對我們有相當的信任，但昭如畢竟是「外人」，雖然是要幫忙，但會不會也對這些家庭帶來其他壓力。然而，昭如的柔軟與誠懇，竟讓第一次見面的家長，就能談出生命最底層的嘆息，而孩子們，更是放心將經歷、心情、渴望說給她聽，一點都不會因為昭如不懂手語，就阻礙了溝通。敏感的孩子們都能分辨出，誰是真誠關心、真正聆聽、願意了解的人。我一路上收到昭如在訪談後傳來簡短卻細膩的訊息時，幾乎掉下眼淚。這不僅是一篇報導，這是生命的交會。

很感謝昭如，寫出《沉默》。很難寫，我知道，要沉澱多少傷感憤怒，剝開多少傷痛，才能有這樣的作品。對孩子、對我們、對昭如而言，生命都是重大轉變，我們會繼續努力，讓犧牲有代價。

看見・聽到・行動

劉定基 ── 國立政治大學法學院助理教授

二〇一二年六月二十五日，我和政大法律系陳佳鴻同學──一位剛考上律師，多次選修「公益服務實習」課程的碩士班學生，一起從台北車站出發，前往這所學校進行第三次的國家賠償協議。雖然之前已經有了兩次不是很愉快的協議經驗，但我們仍樂觀地相信，在教育部新任部長明確指示學校應秉持同理心積極處理，並聘請多位法律顧問提供專業諮詢的情形下，這次的協商即使不能就全部案件達成賠償的協議，至少也會有兩、三件個案獲得共識，讓幾位受害小朋友和他們的家人能夠揮別往日的不幸、重新出發。在兩個多小時的路途上，我和佳鴻再次檢視每個案子的爭點，準備可能的法律攻防。

十分鐘。這是從所有參與人員坐定，到主持協議的校長宣布散會所經歷的時間。感到錯愕的不只有張萍學姐、佳鴻與我，連列席的教育部法律顧問、教育部中部辦公室官員都感到訝異。在這短短的時間裡，雙方根本沒有機會進入個案的實質討論，只聽到校長重複兩項離譜至極的協議

前提條件：「受害學生家長須到場參與協議」及「教育部保證不對涉案老師求償」。

對於佳鴻與其他曾經在政大法學院修習「公益服務實習」課程的同學來說，這所特教學校著實令大家「印象深刻」。在短短四個學期裡，我們協助處理了多件與這個學校相關的法律案件，發生原因從設施的欠缺到專業人力的不足，從個別教師對學生遭遇的漠視，到學校系統性的欠缺性別平等教育與法律的觀念。

對於我而言，在擔任教職之前，有過幾年的律師實務經驗，跟不少行政機關（學校）打過交道，當然也看過一些蠻橫、專斷官員的嘴臉，但那天的經歷仍讓我「大開眼界」。這所學校的校長和部分老師，竟然沒有把受害學生擺在第一位！他們難道不能體會家長親自參與協議，看著學校對賠償金額「討價還價」過程所要承擔的痛苦?!

佳鴻曾經跟我說，參與這個案子讓他學到很多，我深有同感。在法學院的課堂上，即使講得口沫橫飛，那些討論案例中的當事人離我們總是有些遙遠，因為我們很難完整看到他們的故事；大家即使對某項法律制度的欠缺有所了解與共識，也難以體會這些缺漏對當事人帶來的磨難。

很高興陳昭如小姐能夠以調查報導的方式，詳實地將這所學校所發生的事件記錄下來，並在適當的地方以淺白的文字，點出相關法律與制度的不足之處，讓沒有機會親身參與這些案件的讀者，不會只接觸到媒體對於相關案件浮光掠影式的報導，而能夠完整、深入地看見這群身心障礙

小朋友和他們家人的遭遇，學校、主管教育機關對他們的虧欠，以及《國家賠償法》與特殊教育的問題。

如果台灣的法制要進步，身障學生的教育環境要得到改善，我們就必須正視過去的慘痛經驗與教訓，並從中深切反省與改變。《沉默》這本書不但為那些曾經遭受不幸的小朋友發聲，也對相關法律修正與特殊教育改革的必要性與迫切性，發出了沉痛的呼籲，非常值得一讀！

推薦序（依姓氏筆畫排序）

凝視他人之痛苦　何榮幸——資深新聞工作者

聽！沉默在吶喊　張萍——人本教育文教基金會南部聯合辦公室主任

看見．聽到．行動　劉定基——國立政治大學法學院助理教授

I 序幕

夢魘的開始　16

II 震耳欲聾的沉靜

航行於冰山之間　30

遮蔽的天空　47

國王的新衣　64

生命中不能承受之重量　80

9　6　3

III 人性的試煉

潘朵拉的盒子

旁觀者的痛苦

沉默之罪

邪惡的庸常性

136

153　118　96

IV 受傷的蘆葦

在微光之中

丈量良心的尺度

166

184

V 一座孤獨的島嶼

咫尺天涯

大衛與歌利亞

202

217

尾聲

跋

附錄：大事記

240

234

242

I 序
幕

夢魘的開始

1

事情發生的時候，沒有徵兆，沒有預告，一切像在一瞬之間就發生了。

她的世界在一瞬之間就此瓦解。

二〇〇五年秋天，南台灣的小鎮充斥著逼人的暑氣，將近三十度的高溫，熱得人直冒汗。

早上七點鐘不到，婉柔（化名）獨自坐在教室裡，因早起的疲倦而感到些許睡意。她趴在桌上，看著窗外尤加利樹枝頭上的葉子隨風搖晃，靜靜感受著悶熱微風帶來的溫度，不知不覺便睡著了。

半夢半醒之間，窗外的風似乎變大了。她模模糊糊地睜開雙眼，站起來想把窗子關上，突然

被人蒙住面孔與嘴巴，一路跌跌撞撞被拖進教室外的男廁。

空蕩蕩的走廊上沒有半個人。

她嚇得渾身發抖，不敢直視對方眼睛。對方將廁所的門反鎖，抓住她的肩膀，將她拉近自己。她害怕地想要大聲尖叫，卻不知自己是否叫出聲。對方摀住她的嘴，連打她幾個耳光，用腳踢她肚子，使勁把她的褲子往下扯……

她身後鎖著的門外，宛如另一個世界。

事後，她呆坐在廁所地上，像個被撕爛的破布娃娃，腦子裡一片空白，什麼也記不起來。唯一記得的，只有壯碩的學弟臨去前惡狠狠的眼光，以及手語比出的威脅：如果你敢告訴別人，我就找黑道把你全家殺光光！

被強暴的驚嚇，被毆打的痛楚，被威脅的恐懼，不知所措地在心裡亂竄，找不到出口。她好想鑽到媽媽懷裡大哭一場，訴說自己受到的屈辱，可是她又擔心，萬一對方真的叫黑道把爸媽殺掉，怎麼辦？

她默默整理好衣服，雙眼浮腫地爬起來走回教室。事後，她沒有對任何人提起，覺得自己永遠都不會說出來。那些細節實在是太不堪了，她連回憶都不敢。

白天上課時，她硬打起精神，裝作若無其事，到了晚上，不安和恐懼卻一次次席捲而來：對方掐她的脖子、反綁她的雙手，以及臨走前威脅的眼神，像是無聲影片似的在腦海不斷倒帶

重放、倒帶重放。次日早晨，她帶著熟悉的恐懼醒來，模糊記起那惡夢一般的場景，她感到羞恥、驚慌。

十六歲，正是青春歡快的歲月，她應該快樂的，然而她的感覺卻背叛了她，不聽自己使喚。她變得病厭厭的，虛弱乏力，像是放棄抗拒意志的小動物。媽媽幾次探問是不是學校發生什麼事，她總是頑強地否認說沒有，一溜煙跑開了。

有天班導A老師不知何故，在批改她日記時寫下：「有事一定要跟老師講，我會幫你！」

A導師在特教系求學時主修智障，對手語懂得不多，只會簡單的問好及打招呼。婉柔很喜歡她，總是自告奮勇權充手語翻譯，協助老師與其他同學溝通。看到這段突如其來的留言，婉柔興奮地告訴自己：老師要來救我了！當天夜裡，她立刻在日記簿上寫道：

「他來說，要不要上床，跟我做愛，我說不好！……我說：不要帶我去上床。別煩我，頭痛，疼。」

第二天，日記交出去了，可是發還時婉柔卻發現，老師並沒有批改。婉柔有些困惑，但她告訴自己說，老師一定是太忙了，沒時間改日記。

從此，那位叫大文（化名）的學弟不時纏著她、騷擾她，強迫她發生關係。每一次，她都

害怕得叫不出來，因驚懼而動彈不得，只得咬緊牙關，試著什麼也不想。每一次，她都覺得好無助，因為她知道，就算使盡力氣喊叫，也沒有人會來救她——同學跟她一樣，什麼也聽不到。

原來，她是相信有神仙或菩薩的。現在她覺得，除了惡魔以外，沒有人在身邊。

她變得沉默，越來越沉默。

●　●　●

春天來的時候，校園有如沉睡的樹木般，紛紛綻放出新葉與粉嫩的花朵，一切好像又重新開始了。

滿身創傷的婉柔心底彷彿也生出新的力量。她鼓起勇氣，寫了張紙條給A導師：

「昨天早上……我回來學校沒有人去教室，我自己一個人走路看到沒有人……有一個男生的名字叫大文……來兩次來叫我上床要不要，我說不要，他被我做愛，別煩我……A老師不要告訴大文……以前他說我別告訴我媽所以告訴老師，罰大文以後，大文會生氣告訴黑道老大很多男生……大文和黑道老大的朋友殺手刀我……。我很煩昨天晚上我睡不著，今天我希望要告訴老師。可以法律的話。」

Ａ導師依舊保持沉默。

婉柔怎麼也想不透，為什麼老師都沒有反應呢？難道是她寫的內容，老師看不懂？她好想去找老師問清楚，卻覺得整個人好疲憊，雙腳沉重如綁了鉛塊，一步也無法舉起。

時間一天天過去，大文一而再、再而三地侵犯她。她束手無策，拿不定主意，卻無法停下念頭不去揣測老師為何默不作聲。

她決定直接去找老師問個明白。

Ａ導師憤怒拍桌，厲聲斥道：「如果老師幫你，誰幫老師啊？」說罷掉頭就走。

驚訝、恐懼、混合著寂寞的感覺，像沙塵暴的漫天黑塵，以鬼魅般的流動速度，細微地滲透包圍過來。她一直以為只要說出來，一切都會改變。可是，她錯了。

一天夜裡，媽媽發現婉柔雙手埋在下腹，露出痛苦的表情。媽媽問她，怎麼了？是不是哪裡不舒服？婉柔眼裡露出驚恐，她使出全身力氣，硬將媽媽推開。

向來與女兒十分親暱的媽媽直覺一定是出事了。她勉強讓自己露出笨拙的微笑，用手語表示：不要怕，發生什麼事，告訴媽媽。

婉柔不住地搖頭，緊緊咬住牙，不讓自己哭出來。

媽媽伸出手，緩緩將婉柔拉向自己，問了她一次，兩次，三次。

她發現婉柔下體有如火燎一般，一片腥紅，彷彿要開出朵朵玫瑰。

2

婉柔就讀一所位於南部專收聽障學生的特教學校，全校有三百多名學生，大家大多住在學校，只有週末才回家與家人團聚。許多學生打從小學就在這兒讀書，直到高中畢業，大夥同吃同住同上課多年，情感十分緊密，加上彼此又有共通的語言（手語），很能分享與交心，往往比自己家人還要親。

剛住校時，婉柔對於入夜之後可與同學竊竊私「語」，互相交換情報感到快樂。可是時間久了，她發現宿舍除了床位外加衣櫃，幾乎沒有私人空間，浴室一律沒有門，只有一層薄薄的布簾，「隱私」成為不可能的奢求。她曾目睹生輔員半夜查房時，捉姦似的突然掀開學生被單，像是要逮捕現行犯；而在住宿生看似緊密的情誼背後，也隱藏著難以言喻的潛規則，例如強凌弱、大欺小，被欺負的人永遠只能選擇隱忍。

她很看不慣，吵著要爸媽讓她轉學。

這時學校正面臨招生不足的危機，想方設法四處招生，既有的學生更是一個也不能少。校方聽說婉柔要轉學，三番兩次派人說服爸媽說，我們有專業師資及特殊設備，如果轉到一般學校的資源班，恐怕沒這麼好的條件；如果婉柔不喜歡住校，也可以考慮通勤啊。

「我白天要上班，一大早就得把女兒送來，這樣沒問題嗎？」爸爸仍有疑慮。

「放心，學校都有警衛，很安全！」出面說項的某主任拍胸脯保證。

為了讓愛女能受到良好的專業教育，加上該主任的再三保證，從外縣市的住家親自開車載婉柔上學，再開車回公司上班。同學都知道婉柔有個每天送女兒上學、風雨無阻的好爸爸，校長還公開讚揚他是「模範父親」，令人稱羨。

就這樣將近兩年多的時間，什麼事都沒有發生。直到那個秋天的早晨。

媽媽發現婉柔被欺負，立刻打電話問A導師為何置之不理？A導師說，她以為是「男女同學的性邀約」，不方便過問。氣憤難平的媽媽才剛掛上話筒，B校長就打電話來請媽媽「高抬貴手」了，而且還說，既然事情都發生了，乾脆讓兩個孩子結婚算了！(註1)

導師視而不見，校長竟也打算私了？媽媽按捺不住內心憤怒，狠狠撂下一句：「就算把我女兒剁碎了拿去餵豬，也不會讓她嫁給那個人！」

第二天，媽媽帶婉柔到警察局報案，A導師及學校某組長也趕來了。他們一再強調校方事前毫不知情，並委婉暗示如果把事情「搞大」了，對婉柔未必有任何好處。

秋日陽光斜照進來的警局裡，一陣沉默瀰漫在他們之間，只聽得到警員抄寫筆錄時沙沙作響的聲音。某組長臉色緊繃，眼睛警惕地四處梭巡，媽媽不自覺地低下頭來，迴避對方的視線。然後，她用眼角餘光看到組長悄悄用手語問A導師：你事前是否知情？

A導師脹紅了臉，輕輕點頭。

懂得手語的媽媽頸背上的汗毛都立了起來，彷彿目擊了比殺戮還要殘忍的現場。

3

黃俐雅始終記得第一次見到婉柔的樣子。

婉柔是在媽媽及阿姨的陪伴下，來到人本基金會南部辦公室求助。在黃俐雅印象裡，那是個「美到可以當偶像劇演員」的少女，精緻的五官與清澈的眼神，十分討人喜愛。這個頭嬌小的女孩面無血色，虛弱到像是要人攙扶才站得起來，而媽媽則是一臉遲疑，像是不知該從何說起。

「慢慢說，我們會盡量幫你。」黃俐雅說。媽媽帶著女兒來基金會求助，通常不是性騷擾，就是性侵案，她是老經驗了。

媽媽的嘴禁不住發抖，眼淚不斷流下。

黃俐雅是人本南部辦公室的老將，她與好夥伴張萍處理過不少校園性侵及性騷擾案。這回碰到「生對生」的案子，行為人與受害者又都是聽障生，她們有些意外，有點緊張，更不敢大意。

透過媽媽的翻譯及筆談，婉柔漸漸卸下心防，將自己被性侵的經過一五一十地說出來，包括性侵次數、性侵地點、對方強迫她擺出的各種姿勢……

「她每說一句話，我的心就像被美工刀割了一次，」黃俐雅形容那時心情：「連續九個月被侵犯了八次，而且都發生在學校裡……怎麼會這麼離譜？」

婉柔媽媽拿出校方出具的校安通報單，更是讓黃俐雅與張萍當場傻眼：

「女學生這麼早到學校校方不知情，致釀成憾事。本校通知學生和住校生都在07：30到校，今後若有家庭因素必須早到的同學，訓導處會安排列冊集中留置在辦公室，訓導人員和導護輪流加強巡視校園，特別是幾個死角……聽障生與導師的溝通解讀未必一致，五月四日（指婉柔寫的紙條）導師也看不懂學生講什麼與寫什麼。」

某主任的保證呢？模範父親的光環呢？難道他們說過的話，都不算數？

黃俐雅直接打電話給B校長，表明人本受媽媽請託，要求校方依據《性別平等教育法》（以下簡稱《性平法》）規定進行調查(註2)，釐清責任歸屬。

B校長驚訝地說：「都已經報警了，學校還要調查嗎？」

黃俐雅告訴B校長，如果不依法進行調查的話，是會被懲處的，並善意提醒他最好把《性平

法》看清楚，並將一份完整的《性平法》法條傳真到校長辦公室。

最後，B校長接受人本的建議展開調查，但卻未依《性平法》交由性別平等教育委員會調查，而是自行組成七人小組，而且B校長更毫不避嫌地將自己列入小組名單，並在大文接受調查坦承犯行時，不斷用眼神示意他別再多說。當大文陳述是在校園裡侵害婉柔時，B校長竟大喊

「他不是這個意思」「學校很安全，不可能發生這種事！」（註3）

這樣的校長，這樣的調查，真讓人大開眼界。

神通廣大的記者不知從哪裡得到線索，直接找上媽媽打探案情，而且對案經過知之甚詳，就連婉柔的姓名、家裡住址都知道得一清二楚。不知所措的媽媽急急向人本求救，個性率直的張萍警告對方：「當事人都未成年，如果你們敢洩露他們的身分，就等著吃官司！」

隔天，幾家媒體均做了大幅報導，還好，孩子的身分沒有曝光。只是校方的回應，讓人欲哭無淚：

「女學生家長表示，女兒在這段期間，曾寫字條向老師求救，卻沒有回應，學校方面則表示女學生是在上週才告訴老師，但要老師『保守祕密』，而且學校也不知道女學生每天都很早到校，才沒有特別留意學生行蹤。」（註4）

校方為了卸責，竟不惜公然說謊！

媽媽感到一種力量單薄、無能為力的孤獨。她不再要求學校給她合理的答案，因為答案就是擺在眼前的事實：千錯萬算都是學生的錯，學校沒有任何疏失，也不必負任何責任。

最後，大文被高院判處三年有期徒刑，校方全身而退。

捱過多少個上法庭的日子，媽媽以為最痛苦的階段已經過去了。可是，她錯了。在家休養的婉柔經常睡不著覺，睡覺時也一定要開燈；她每天清晨四、五點鐘起床，便拼命地刷洗地板；她洗澡總要洗上一、兩個小時，像是怎麼樣也洗不乾淨；她變得害怕與人有肢體接觸，若有人不小心碰到她，就會失聲大叫。

創傷後壓力症候群一旦纏身，就再也回不到從前了。媽媽一面小心翼翼地呵護著婉柔，一面不禁慨歎：大文固然很可惡，但若不是校警沒有巡邏，若不是校園治安有死角，怎麼會發生這種事？而且是一而再、再而三地發生？

「我們跟媽媽都很氣啊，學校沒有監視器，廁所沒有加裝緊急鈴，老師又沒有及時通報，很明顯是違反《性平法》嘛，」張萍回憶說道，「出了這種事，明明就是學校的責任，為什麼後果卻是由孩子及家人來扛？」

黃俐雅與張萍開始思考透過打國賠官司，讓學校負起失職的責任，並藉此喚起社會大眾對校園安全的重視。為避免更多無辜孩子受害，通情達理的婉柔爸媽很快接受她們的建議，並決定撤

回對大文的民事賠償訴訟。

那時沒有人知道，原來這起不幸事件，竟然只是該校性侵案件冰山的一角。

1 B校長數度否認說過這句話。但據監察院中華民國一〇一年八月十七日院台教字第1012430483號糾正文：「參與案件調查之〇於本院約詢時亦稱：校長說已經跟加害人之媽媽講好，要把女方嫁給他，是校長去協調的，是女方的家長不知好歹，才會麻煩調查小組等語。」因此監察院認為受害者母親所稱「校長帶錢要當事人和解，並曾表示讓孩子結婚等語」足以採信。

2 根據九十三年《性平法》第21條規定：「學校或主管機關處理校園性侵害或性騷擾事件，除依相關法律或法規規定通報外，並應將該事件交由所設之性別平等教育委員會調查處理。」

3 某調查小組成員在接受監察院約詢時，亦證實B校長有類似說法。來源同註1。

4 東森新聞電子報，二〇〇六年五月十一日。

II
震耳欲聾
的沉靜

航行於冰山之間

1

有件事，妥妥貼貼藏在小元（化名）爸爸心底好一陣子了。只要想起來，他就覺得四周有如蒙上薄霧般的陰影，讓他無法與任何人談起。

他常去學校探視小元，順道帶點水果點心給其他孩子。孩子們都跟小元爸爸熟，每次見到他，總是熱絡地飛奔過來直撲他懷裡，撒嬌似的賴在身邊，搶著跟他說話。這樣的溫暖與善意，老師自是看在眼裡，也漸漸把小元爸爸當成自己人，甚至當著他的面批評校方種種舉措。

哪個上班族不抱怨啊？爸爸聽了只是笑笑，沒有放在心上。然而，老師告訴他的故事越來越多，也越來越離譜。他們說，學校宿舍裡「出過事」，部分老師卻視若無睹，不想插手。爸爸半信半疑地聽著，沒有吭氣，不過聽說這種事，心裡難免毛躁。

有些事不用明說，只要見到，必可明瞭。一個藍天裡連片雲都找不到的日子，他趁著午休去

看小元，不意撞見三名男學生在樓梯間猥褻一名女學生。十來歲的孩子，怎麼會在大白天公然做出這種事？而且就在校長室旁邊？他內心止不住發抖，急急跑到辦公室通報，某老師頭也不抬地埋首公文，以不帶任何抑揚頓挫的聲調說：「小孩子在玩而已啦，不必那麼緊張！」

爸爸反覆想了幾天，越想越不對勁，將事情原委告訴平時還算熟稔的老師。對方壓低了嗓子，說：「你不知道這種事很常見嗎？有女學生在入學之前，家長就先帶她去把子宮拿掉了！」

一道冰涼從頭頂漸漸滑向背脊。小元爸爸這輩子從來沒有那麼恐懼過，同時也感受到危險的警訊。

從此，爸爸全身上下每一根神經都提高警覺，也更常到學校「查勤」了。或許是探訪次數多了，他不時目睹不該出現的畫面：有老師上課時自顧自地玩手機，放任學生不理不睬；有老師脫了鞋，大剌剌將腳擱在椅子上授課。他一再要求學校改善，並沒得到太大回應，但「小元爸爸很敢講話」的名聲從此不脛而走。

二〇一一年夏末，幾名家長主動找上小元爸爸說，有智障生被老師擋在教室外幾個月無法上課，有聽障生因為宿舍管理疏失導致失明，有孩子被老師打傷縫了好幾針，他們跑去理論，校方不僅撇清所有責任，反倒指責家長說：「是你們小孩有問題。」他們希望小元爸爸能出點主意。

爸爸想起在電視上看過人本基金會常替弱勢學生說話，好像還蠻有正義感的。他徵詢朋友意見，又上網搜尋，發現人本不接受政府補助，應該不會「怕事」才對，於是陪著受害家長到人本

求助。

「天啊，怎麼又是這間學校！」接獲消息的張萍忍不住哀號起來。

自從發生婉柔的事，只要提起該校，張萍的心總是糾結成一團，久久無法釋懷。尤其是二〇〇七年婉柔的案子開始打國賠，校方為了卸責，不僅拒絕發還婉柔日記（註1），還聲稱調查小組的錄音資料「業已遺失，無法提供」，各種違反常理的作為，族繁不及備載。這回聽聞該校又出事，她不意外，只是心疼。她以為自己有義務，也有責任替孩子討回公道！

在協助處理案件期間，張萍正直、嚴謹，做起事來有如拼命三娘的性格，讓小元爸爸感念在心，也猶豫著是否該把「那件事」告訴她？可是他又擔心若是向人本爆料，小元在學校會不會被欺負？這樣的疑問始終徘徊不去，幾次話到了嘴邊，又硬生生地吞了回去。

秋天起風的時候，爸爸得知學校又發生數起性侵及性騷擾案，照說學校應該要成立小組調查才對，可是並沒有。他主動詢問此事，校方的答覆是：「只要學校性平會認定了事實，就不必調查。」

剎那之間，他領悟到這幾件案子及自己親睹的猥褻，恐怕不只是偶發事件！

從此，苦痛與憂愁天天陪著小元爸爸入眠。雖然受害的不是小元，但若他持續保持沉默，是否會讓其他孩子受害？如果他睜一隻眼，閉一隻眼，又跟那些漫不經心、能混就混的老師有什麼差別？

他的靈魂在掙扎，在良知與現實之間戰鬥。猶豫了好幾個月，他再也無法假裝若無其事，決定陪同受害孩子的爸媽去找張萍。

「怎麼會這樣？」張萍覺得自己全身的力量，都在應付胸腔裡幾乎隨時要爆炸的悸動。她在教育界這麼久，世面也見得夠多了，她覺得小元爸爸他們很真誠，不像在說謊，而且，他們也沒有必要編出如此駭人的謊言。

如果小元爸爸他們沒有說謊，那麼問題就大了。

• • •

原本張萍正打算休長假，好好休養生息一番。沒想到這個節骨眼竟冒出這麼嚴重的案子，讓她的心攪得一團亂。

那時她在人本工作十年了，手上永遠有處理不完的校園霸凌及師對生性侵案，一年到頭馬不停蹄地穿梭在各地協助受害者及家長處理案情，照顧他們受創的情緒、陪同出庭打官司，一台可愛的寶藍色小車開不到兩年，里程數已累積到七萬多公里了。人本執行長馮喬蘭曾半開玩笑說：

「怎麼只要有你在的地方，案子就特別多啊？」這也表示張萍已做出口碑，只要有事，大家都知道可以找她幫忙。

「我從小就是那種路見不平、拔刀相助的人。」留著一頭俐落短髮、就跟她的人一樣很有

「俠女」風範的張萍坦承：「我是那種很雞婆的人，如果有人被欺負，我會馬上跳下去跟對方理

論。」

大學聯考填志願單時，她清一色填的都是法律系，一方面是為完成做了一輩子書記官父親的

心願，一方面也很符合她天生的俠義性格。政大法律系畢業，她沒有留在法界服務，反倒是後來

「不小心」進入人本，又「不小心」負責校園申訴案，學生時代修習的法律專長才又派上用場。

分析了解案情、提供法律諮詢對她來說，並不是難事，難的是受害孩子的故事聽了又聽，她

的心亦深受折磨損傷。每次陪孩子開庭，她的胃總會劇烈翻攪，疼痛不止，開著車子四處奔波的

路上，也經常莫名其妙地想掉淚。

有回她陪同孩子開完庭之後，獨自行駛在返回辦公室路上，車裡放的是巴奈的〈流浪記〉。

當她聽到「我以為我並不差，不會害怕，我就這樣自己照顧自己長大，我不想因為現實把頭低

下」時，忍不住在車子裡放聲大哭──不只是為那天開庭的孩子，更是為這些年來接觸過無數兀

自在暗夜中哭泣的孩子而哭。

她報名參加「悲傷與失落」工作坊，透過專家的指引，釋放並療癒內心深處不能說、也說不

出口的替代性傷痛。「整整兩天的課，我哭了大概有一天半吧，一條手帕哭得溼答答的，根本就

乾不了。」她有點不好意思地承認。

她知道自己快撐不下去了，必須讓腳步停下來，好好休息一陣子。這回特教學校又發生狀況，她很想留下來幫忙，可疲憊的身心讓她不確定是否能負擔如此沉重的任務，而老戰友黃俐雅又剛好留職停薪出國一年，辦公室沒有其他人可以接手，怎麼辦？

她反覆思索了幾天，遲遲做不了決定，只好徵詢馮喬蘭的看法。馮喬蘭了解她承受了很多壓力，很需要喘口氣，然而這案子一聽就很不單純，需要有相當經驗的人才能處理，她不想逼張萍，也不知道怎麼辦。

後來是張萍自己招認：「學校這個樣子，我實在看不下去啊！那些小孩很慘耶，要我怎麼忍啊？」最後兩人商議讓張萍留職停薪，以專案方式負責此案。

張萍有種特質，只要坐在她旁邊，你會覺得很安全、很溫暖，一切讓人心安。當她開始密集拜訪案家，伸出熱情及真誠的手撫慰苦難，很快就能讓陷入慌亂情緒的家長有如找到浮木，也讓充滿防衛心的孩子不由自主解除武裝，將真實情況娓娓道出。

她聽到的，是一樁樁無法理解的事實：學長在宿舍欺負學弟，學弟在校車上欺負學姐……老師怎麼會放任學生為所欲為到這種地步？

她決定親自到學校拜訪C校長。

C校長是從二〇〇九年八月接替提前退休的B校長職務，是該校首位沒有特教背景的校長。

向來快人快語的張萍一見到他，開門見山問道：「你們學校怎麼有這麼多案子啊？」

C校長隨即應了聲「對啊」，不慌不忙拿出鑰匙，打開上鎖的抽屜取出文件，逐一念出每起案件的案情，表示他完全知情，正在積極處理，並解釋學校已加裝大量監視器，在宿舍門口掛鈴鐺，就連身心障礙廁所的門也都上了鎖，學生得向老師索取鑰匙才能使用。

C校長能言善道，看來是個很明理的人。但張萍仍有疑惑：發生這麼多案子，為什麼學校不按照《性平法》處理呢？為什麼C校長只想用硬體設備來防堵犯行，而不是從教育的角度著眼，告訴學生這麼做是不對的呢？

「發生事情應該要組調查小組調查，你們怎麼都沒按照規定辦理啊？」張萍問道。

「家長都道歉了，還要調查嗎？」校長一臉驚訝地說。

又是個不懂法令的校長！張萍捺住性子解釋《性平法》內容，並認真提醒對方：「受害家長現在覺得不用調查，萬一將來後悔了，這個行政責任會算到你頭上。萬一監察院追究你沒有依法行政，怎麼辦？」

C校長立刻爽快承諾：所有案件全部重新調查！

張萍鬆了口氣，心想，「新官上任」果然不一樣，她衷心期待這位年輕有為的新校長能一改積習已久的姑息文化。誰知道C校長的口頭承諾並不算數，有案子是重啟調查了，有的案子卻沒有，而且短短兩個月，案件又增加了四件！

與公部門打過交道的人都知道，公務員天不怕地不怕，就怕立委及記者。人本迫不得已，請

向來關心身障議題的陳節如立委出面與該校及教育部中部辦公室召開協調會。校方迫於壓力，終於承諾會依法處理。

二〇一〇年底，該校「性別平等教育委員會」正式啟動，並從「教育部校園性侵害性騷擾性霸凌事件專業調查人才庫」調派校外教師，與校內兩名老師共同組成調查小組，正式展開調查。

起初調查小組以為，青春期的孩子誰對性沒興趣？會不會是大人太敏感了，想錯了方向？不料日後學生的證詞，卻隱隱指向令人無法置信的事實。

2

傍晚時分，張萍坐在咖啡廳裡，盯著因灰塵積聚而模糊不清的窗玻璃，等待正祥（化名）及爸爸來這裡與她會面。

正祥是個叛逆不羈的孩子，在學校常以「老大」自居，同學都很怕他，就連老師也拿他沒輒。這回傳出他性侵同學的事，老師顯然不太意外，還告訴張萍說：「唉，單親小孩就是這樣。」張萍聽了很不服氣，可擔心這個架越吵越糾纏不清，而且也無濟於事，勉強讓自己閉嘴。

夜幕降臨，路燈已經點亮了，爸爸匆匆走進咖啡廳，跟在他後頭的小男孩，應該就是正祥吧。爸爸才剛坐下便焦急地說，正祥被退宿了，學校又逼著正祥轉學，他擔心得快生病了。

正祥爸爸靠著打工養活全家，長年生活的辛苦，讓他沒有多餘時間與精力照顧天生聽障的兒子。如今正祥捅出這麼大的簍子，連學校都不要他了，爸爸不知道怎麼辦。張萍連忙安撫他，並表示願意協助處理後續事宜，才讓他稍微安下心來。

幾天前，張萍才去看過海天（化名），他比正祥小三歲，正在念三年級。天真的海天透過媽媽的手語翻譯說，正祥會在夜裡把他帶去廁所，用嘴「親他尿尿的地方」，事後還警告他說：「如果你跟老師講的話，老師會說你騙人」。海天說他不喜歡「這樣」，可是正祥很凶，又會打人，他不敢反抗。沒想到小天的「不敢拒絕」，竟被校方認定兩人是「合意」（註2），事後既沒通報，也沒調查。

海天媽媽傷心地說，學校裡誰不知道正祥是「老大」，海天哪裡敢不聽他的？何況無論是年齡或塊頭，正祥都比海天大太多了，怎麼會是「合意」呢？沒想到老師竟安慰媽媽說：「對方已經被退宿了，我看，就算了吧。」媽媽很心痛，也很不服氣，但她只是個弱女子，能怎麼辦？

正祥爸爸及海天媽媽的痛苦，正是張萍最無法理解的地方。學生發生這種不幸，校方最該做的，不是加強性教育及心理輔導嗎？他們卻只要求施暴學生向被欺負的學生鞠個躬，道個歉，或是索性把做錯事的學生趕出學校，好像所有是非恩怨便可一筆勾銷。這樣的處理

模式，張萍已經看過太多太多了——校方不想多管閒事自找麻煩，也不想冒險招惹誰生氣，一切以息事寧人為最高原則。

張萍看著緊挨著爸爸坐在對面、眼裡流露憂愁與恐懼的正祥，一陣酸楚湧了上來。這個老師心目中「罪大惡極」的學生，只是個十二歲的孩子，他為什麼會變成這樣？她試著跟正祥聊聊，正祥只是有一搭沒一搭地說，他不喜歡學校，覺得上課很無聊……是那種防衛機制很強、不太容易親近的孩子。張萍心想，或許在老師眼裡，正祥是個目中無人、桀驁不馴的「壞學生」，但她覺得正祥只是沒有自信，沒安全感，不得不躲在無法穿透的屏障後面，不想讓人一眼看穿。

隔了幾天，她把父子倆約到辦公室，刻意找機會與正祥單獨聊了會兒。她對正祥說：「我知道你不是故意的，你不知道這麼做會傷害人，對不對？所以，阿姨希望你把事情說清楚，這樣我們才能幫其他同學，讓大家了解不可以隨便傷害人，也才不會受到傷害，好不好？」

正祥眼神中閃動著猶豫不安。不知過了多久，他才小心地深吸一口氣，默默拿起筆寫下……被人家強迫玩小鳥，很痛苦。

「小二。被強迫的。」

「那是什麼時候的事？」

張萍全身戰慄，完全沒有辦法思考。原來正祥也曾經受害！

幾天之後，調查小組正式約談正祥，了解他疑似侵犯婷婷（化名）的案子。為了讓正祥及爸爸安心，張萍全程陪同出席。那天正祥的反應異常平靜，調查老師問他，你欺負別人的時候有什麼感覺？正祥只是聳聳肩，沒有任何表情，從頭到尾，都不太理會提問。

張萍寫紙條問他：「是不是大家都看著你，你不好意思說？」正祥瞄了一眼紙條，輕輕點頭。這時老師建議，既然孩子不想說，讓他用寫的好了。正祥猶豫了好一會兒，才緩緩寫下「跟婷婷玩色狼」幾個字，就不再寫了。一切又變得停滯不前。

教室空曠而安靜，時間在苟延殘喘。原來負責會議記錄的老師忍不住跳出來，說，讓我來試試看吧。然後，他對著正祥快速打起一連串手語。

正祥眼睛亮了起來，也快速以手語回應。這突如其來的舉動，把整間會議室的沉悶給照亮了。原來，先前負責手語翻譯的老師打的是文法手語，正祥並不熟悉，後來那位老師打的是自然手語（註3），正祥總算看懂，也比較願意說了。他坦承對婷婷「做過不好的事」，有四次，一次在圖書館，三次在校車上。

在場所有人都驚訝得說不出話來。原來大家只知道在圖書館發生過一次。最後調查結果證實，正祥涉及七起案件，包括性騷擾、性猥褻及性侵害。

經過四個多鐘頭的調查，一早出發到學校開會的張萍累得快癱了。臨去前，她特地繞到學校圖書館看了一下，發現書櫃、鐵櫃的擺設方向造成很多死角，整個空間沒有穿透性，難怪會成為

安全死角。可是校車呢？車上不是都有隨車老師嗎？怎麼還會發生這種事？

入夜了，偌大的操場只剩下樹的光影滿地搖動。張萍拖著沉重的步伐緩緩往停車場走去，平常只要五分鐘的腳程，那晚，她硬是走了十五分鐘。

3

年紀這麼小的學生，真的會做出這種事嗎？

起初調查小組總以為情況沒那麼嚴重，正如許多老師說的：「他們只是在玩而已。」然而透過行為人、受害人、老師、生輔員等多方證詞交叉比對，他們發現學生之間普遍存在著大欺小、強凌弱的關係，讓年幼或瘦弱的學生不得不屈從於強者的權威，任人霸凌或性侵，而且已有受害學生產生不安、失眠、甚至自殘的情形。

「那時候是在吃晚飯前，國二也有。國二上有，上個星期也有，我不喜歡這種事，但是他會凶我，所以我不敢拒絕。這些事我沒告訴過父母，因為我覺得要忍耐，而且媽媽會罵我……

「○○○如果再找我口交，我會說不用，可是○○○如果說要忍耐，我就會答應。做這些我從來沒哭過，想哭，但是要忍耐。」（某國二男生）

「○○○抓著我對我進行指侵，因為他很用力我很痛就大叫，可是沒人聽到，他叫我不可以說，有一次差點就要打我，像黑道一樣。後來他沒有跟我道歉……他們對我做不好的事的時候，都在笑，我覺得好悲哀！」（某國二女生）

「校車上，○○○叫我把◇◇◇抓住，△△△抓◇◇◇的手，我捉腳並且打開◇◇◇的腳，○○○就脫她的長褲，然後伸進內褲裡面……後來○○○又把手伸進◇◇◇的衣服摸胸部，摸很多次，我也把手伸進◇◇◇的衣服摸胸部，△△△也摸……這種事幾乎每天早上從某地到某地的路上都會發生……○○○在做這些事的時候，我會負責把風。」（某國二男生）

「我在宿舍曾經被欺侮，但是沒告訴父母……他對我做的事，他叫我不可以說……做這種事我覺得好髒，當時我有拒絕，可是他不聽，然後我不想做，他就打我肩膀和背部。事發當天我有哭。其他的事，我不好意思說……做這種事我覺得好想吐。每次他什麼都沒說就直接做，我覺得這種事是不對的。這些事都是一年級上學期九月到現在發生的。」（某國一男生）

「二、三、四年級的時候，○○從上面伸手進我的衣服摸我的胸部，摸了很多次，每次都大概摸二十秒，所以不是不小心摸到的，這種事讓我很不舒服⋯⋯說這些事的時候覺得很不好意思，叫我再說一次我會哭。每次講到這種事我就覺得很難過。每次他摸我的時候，我都不敢拒絕，因為他很凶所以我很害怕。」（某小五女生）（註4）

當青春期的騷動有如狂風暴雨般侵襲身體，青少年自然會渴望另一個人的撫慰，若沒有正確的性知識及引導，很容易過度早熟地嘗試性的恣肆。奇怪的是，發生過那麼多案子，地點又遍布校園各處，為什麼老師毫不知情？

每個問號的背後，都是令人不敢置信的答案。

「四年級有一次，我看到○○○摸△△△的胸部和下體⋯⋯告訴宿舍◇◇◇老師時，他不想聽我說話。我五年級時也把這種事告訴◎◎◎老師，◎◎◎老師有聽我說，但◎◎◎老師說○○○很好。所以◎◎◎◎知道校車上發生的事。」（某小六男生）

「我看到調查小組的老師來很高興，因為我覺得老師幫我很多，其他的老師都不聽我說的話，上個星期四晚上，我本來跟○○○睡一起，△△△老師叫我睡遠一點，我不聽，他就打我

又端我肚子，我覺得好痛，這件事我告訴爸爸了，可是◇◇◇組長和◎◎◎老師都不相信我說的話。我怕告訴你們這件事之後會被老師處罰。」（某小六男生）

「六月十九日早上八點半，宿舍○○○老師打電話（06-291××××兩通）給我，之前也打過。他說今天△△△要來受訪，宿舍的事要△△△都說不知道……早上我覺得○○○老師打那通電話，他在閃一些事。」（某家長）

「我覺得人的本能所產生的偏差行為，需要輔導……調查小組不能涵蓋所有指揮權，調查小組若有需要，要有一定的程序。只要校長批示同意，我就可以給……我沒有通天的能耐，可以保證沒問題。」（某主任）

「校車的事我知道，那時候只有我一個人跟車，學生很多我很難管。○○○伸手摸進△△△的衣服三～四次，我曾經制止，但他們不聽。我告訴○○○，但他說是小事，叫我不要寫在記錄簿上。所以才拖到現在，等學生畢業就過了。宿舍發生的事全部都告訴○○○，由他負責告訴行政人員，而且他叫我不可以到處亂說。這些事都只告訴◎◎◎，沒告訴其他人。」（某生輔員）

（註5）

受傷的孩子眼睛發出閃耀的光芒，就像在黑暗的海洋發出求救訊號，可是老師的視若無睹，讓光芒逐漸變得微弱了。

顯然，某些看似平靜的事態被驚擾了。

調查小組猶如在冰山之間航行。雖然他們只看得到冰山一角，但可以確定的是，大部分隱藏在海面以下的冰山，有如一座座銳利的刀山，他們必須小心翼翼地調整船帆，在危機四伏的冰山與流冰之間緩緩前進。

否則一不小心，就會粉身碎骨。

1　在國家賠償協調會中，人本基金會發現A導師手上仍握有婉柔的日記本，要求她歸還卻遭到拒絕，幾經波折才讓校方寄還。日後這份日記成為打贏國賠官司的重要證物。

2　所謂「合意」，是指雙方當事人都同意發生性行為。但考量未成年人思慮不周、心智尚未成熟，易被他人矇騙而輕易進行性行為，為保護未成年人，避免未成年人身心受到傷害，刑法第227條規定，與十四歲以下之男女、十四歲以上未滿十六歲之男女為性交或猥褻行為者，均可能受刑法之處罰。

3　「自然手語」是採用形象表達，有點類似象形文字，而「文法手語」是以文字表達，採一個字一個字翻譯的方式，因此有些詞句較難具體化。一般來說，聽障人士彼此溝通以自然手語居多，至於學校教學則以文法手語為主。

4　以上引自「國立○○○○學校性別平等教育委員會第1000314號案調查小組調查結果報告書」P.42、P.11、P.11、P.53、P.21

5　同註4，P.12、P.38、P.66、P.58、P.13

遮蔽的天空

1

傷害與被傷害，是人生難以避免的課題，重要的是如何回應創傷，是承認它，還是壓抑它。

有人坦然承認創傷，並想方設法淡化它的影響；也有人不計一切代價避免再次受傷，而他們的做法，卻是傷害別人。

張萍得知正祥受害那天，灰濛濛的天色，下著細雨。她不由得揣想：正祥被欺負那天，是否也是這樣一個溼淋淋的日子？爸爸有沒有抱抱他，摸摸他的頭髮？有沒有同學跟他一起坐車回家，或是發簡訊邀他一起去玩？有沒有老師問他過得好不好，微笑說如果有任何問題，都可以來找老師喔。

不知怎麼的，她突然想起大文。過去，嫉惡如仇的她一心只想讓婉柔得到公道，不自覺忽略了自己可能對大文的嫌惡。直到正祥從「受害」轉為「加害」的事實擺在眼前，往事在回憶裡逐

漸顯出輪廓，她不禁聯想到，大文會不會也是「受害」才轉為「加害」，就跟正祥一樣？

她彷彿預見未來有更令人震驚的事實而憂愁起來。

‧ ‧ ‧ ‧

時序回到二○○七年。張萍與黃俐雅建議婉柔案可申請國賠時，人本內部出現不同的意見，例如時任專案祕書的蕭逸民便持反對態度。

「一般『師對生』的案子都很難告成了，像婉柔這種『生對生』、又沒有前例的案子，我實在沒有把握。」那時蕭逸民認為以基金會有限的人力物力，要全力投入幾乎不可能贏的案子，他確實有所遲疑。

蕭逸民冷靜分析事理，權衡利弊得失，認為打這種官司沒有勝算。但心焦如焚的張萍卻認為學校廁所沒裝緊急鈴明顯違反《性平法》，A導師隱匿未通報有嚴重疏失，應該還是有希望。蕭逸民雖然未被說服，但仍決定力挺同事，死馬當活馬醫。

按照程序，申請國賠必須先召開協調會，協調不成才進入訴訟階段。但第一次開協調會，代表家長出席的黃俐雅與蕭逸民便覺得很不對勁，明明是跟學校談判，怎麼約在律師事務所？而且會議主席竟是校方律師？

待眾人坐定，B校長雙手一攤，表情盡是無奈：「我對你們已經很好了，事情為什麼要弄到這個樣子？你們不知道，這種事都是這樣處理的嗎？」

B校長一開口，蕭逸民便告訴自己，這位校長說話坦率毫不修飾，未必是件壞事。於是他以一貫溫和冷靜的口吻，輕描淡寫地說：「婉柔好幾次在日記、聯絡簿上發出求救信號，A導師也都簽名了，你們還敢推說什麼都不知道？」

B校長沒開口，反而是A導師臉色鐵青地問：「你們怎麼知道？日記不是都在我們手上嗎？」

原來校方仍握有利於婉柔的證據！蕭逸民見機不可失，立刻要求校方歸還婉柔日記，但校方說什麼就是不肯拿出來。最終協調不成，雙方未來法院見。

會後校方律師要大家在會議記錄上簽名，黃俐雅隨手翻開記錄一看，咦，剛剛明明討論到學校扣留婉柔日記的事，怎麼記錄上都沒有？她提出疑問，律師相應不理，她要求將此事列入記錄，律師無動於衷。

「那種心情，只能說是……悲憤吧！」黃俐雅嘆息了，無奈表示：「我記得自己是一個字、一個字告訴對方：雖然記錄上沒有寫，可是你們都在這裡，天知、地知、你們知道、我們也知！」她覺得真是憎恨這所學校，但願永遠不用跟他們打交道。

待國賠進入訴訟階段，大小事全由擁有法律背景的張萍與蕭逸民一手包辦。他們一面努力蒐

證，寫國賠起訴狀，一面不斷思考：打國賠的目的是為突顯學校管理出了問題，如果婉柔是因管理疏失而受害，那麼大文呢？他是個什麼樣的孩子？為什麼會犯下如此大錯？

他們決定去拜訪大文及他的家人。

大文總是表現出對任何人、任何事無動於衷的樣子，就算有人坐在他的面前，還是面無表情，渾然不覺到像是看不到東西。他內在的恐懼有如一條河，就像他冰冷黑暗的臉孔，那是一雙擁有許多傷口，向來只能自己舐舐傷口的臉孔，教你的心一吋吋沉下去。如果不是長年深深被無奈、悲傷、恐懼的感覺挾持，那樣的寡言沉鬱，通常不會出現在一名十六歲少年的臉上。

至於大文媽媽，一望即知是個善良辛苦的婦人。她覺得兒子「憨憨的」，學什麼東西都很慢，而且好像沒什麼朋友。她始終以為大文是「大隻雞咖慢啼」，等年紀大一點兒，就會好了，直到大文十二歲被診斷出有聽覺障礙，她才急急將兒子轉至特教學校，可惜已經太遲了。如今大文手語仍打得零零落落，不只念書吃力，人際關係更有難以跨越的障礙。

國中畢業升高中時，大文報名技職班，開學當天卻發現自己被莫名其妙地編入專收一般生的體育實驗班，而從小就跳不高、也跑不快的大文最痛恨的，就是體育。從此，當同學進行體能訓練課程時，他只能坐在一旁乾瞪眼。他變得鬱鬱寡歡，經常陷入情緒低潮，上課時對老師不理不睬，下課後也總是獨來獨往。大文導師問B校長為何將這樣的學生編入體育班，逼得他形同槁木死灰？B校長不敢明說是「擔心湊不足開班人數，只好捉聽障生湊數」，只得隨便敷衍：「不是

有聽障奧運嗎？」

　　就像所有青少年一樣，大文渴望朋友，渴望溫暖渴望愛，然而學習的挫折，人際的疏離，讓他一樣也得不到。他苦悶、孤單，卻無話可說，也無處可說，沒有人知道他的想法或感受。然後，他看到甜美可人有如洋娃娃般的婉柔，出於本能地想親近她，占有她，不幸鑄下大錯。

　　「事後回想起來，原來學校環境就是那樣，大文不過是有樣學樣而已。所以他一直很難理解，大家不是都這樣嗎？為什麼只有我被罰？」向來冷靜自持的蕭逸民罕見地有感而發：「我覺得他真的好慘！」

　　幾次國賠訴訟庭開下來，張萍與蕭逸民對事件的了解越發完整，真相拼圖亦逐漸清晰：校方隱匿實情在先，事後又抵死不認。例如婉柔的日記，起初校方硬是不肯交出來，人本代婉柔媽媽發函申請返還，學校回函拒絕，他們再寄存證信函，揚言若不歸還將追究侵占刑責，校方才不得不交出日記。

　　某次開庭，婉柔媽媽提及B校長建議讓婉柔嫁給大文，B校長極力否認，婉柔媽媽反駁說，你明明就這麼說過，還拿錢來我們家想和解！就在這你一來、我一往的過程中，B校長情急之下，一時衝動脫口而出：「我想撮合他們，也是一番好意啊！」

　　Bingo，這下子可被逮到了。

　　「打官司、談判就是這樣，透過法律途徑迫使對方現出原形，這是我的策略，」蕭逸民說：

「尤其像婉柔這種以小搏大的官司，人本沒錢沒人又缺乏奧援，只能這麼做。」

但一審他們還是輸了。直接證據不足，又沒錢請律師，凡事都靠自己搞定，會贏，是意外，會輸，理所當然。蕭逸民以為敗訴的關鍵，在於婉柔無法親自出庭，尤其媽媽很早就表示若要女兒出庭，她寧可輸。蕭逸民認為，若是婉柔能出面指證A導師見死不救，絕對有利於判決結果，但要她與最喜歡的A導師對質，這實在太殘忍了，他做不到。

婉柔對A導師有份難以割捨的感情。事發之後，她對老師沒有太多怨恨，反而擔心老師會因此丟了差事，還曾寫信表達關心。不料這封信竟成了A導師的護身符，日後她以此作為呈堂證物，意思是：如果我見死不救，婉柔怎麼可能還會寫信給我？

是啊，大家都覺得特教老師都是學有專精、又有愛心的知識分子，是國家最頂尖的菁英，怎麼可能說謊？

一審敗訴的挫折，並沒有讓張萍死心。她拿著匿名判決書，回母校政大請教法律系教授的意見，重新擬定「作戰計畫」，並向地方政府申請「性侵害申訴補償金」，輾轉找上曾任法官助理的王朝揚律師，委請他負責此案。

王朝揚的事務所小小的，很樸素，據說不少客戶就是看他事務所沒什麼門面，心想收費大概不會很貴才找上門來。他做人很阿莎力，看到沒錢的客戶，常不好意思收錢，是個很敦厚的人。

「他聽說我們經費不確定有多少，二話不說，就說願意接，真是個好人！」張萍說著又補了

一句：「每次開庭，他都會買零食給我們吃耶！」說罷哈哈大笑，難得輕鬆的模樣。

此後訴訟案從張萍及蕭逸民雙人組，變成加上王朝揚的三人行。由於過去類似案件沒有成功前例，王朝揚花了很多功夫蒐集資料、研判案情。他打官司不在細節上打轉，而是提出獨特的法律見解來說服法官：為什麼學生犯了錯，學校在法律上必須負責？到底教育的目的是什麼？老師的責任又是什麼？

這樣的說詞看似簡單，其實關鍵，而且說了頗為有心的二審法官（蕭逸民的說法是：「我們運氣很好，算是抽到『籤王』了！」）加上人本既有的證據，就算無法證明學校見死不救，至少難脫執勤嚴重缺失、廁所沒有求救設施及延遲通報等問題，而這些都符合「公務員怠於執行職務之國賠條件」。

二○一一年初，終於傳來眾人引領仰望的好消息：婉柔案二審宣判勝訴定讞，長達三年多的國賠訴訟終告一段落。這也是台灣第一起「生對生」性侵事件打贏國賠的案例。

得知消息的婉柔媽媽並沒有太大喜悅，只是沉痛地表示：

「我們打國賠不是為了要錢，就算給我一千萬，我也不願意女兒受到侵害……我們是希望以後所有特教生都能受到政府重視，不要因為他們是弱勢者，就輕易地被犧牲了。」

事隔多年，業已轉至司改會工作的蕭逸民仍不無感慨地說：「學校老師常私底下跟我們說，你們不懂這些小孩子，他們就是『那樣』啊！」然後他不改一貫冷靜態度，從容說道：

「對啦，我也同意那些老師的說法……就是因為他們用那種態度教育小孩，小孩才會變成『那樣』！」

2

婉柔國賠案定讞，讓張萍緊繃已久的心稍稍寬慰了一下。可是她沒有高興太久，因為該校發生的案件從原來的七、八件，一下子爆增至三、四十件。尤其當她聽到耀華（化名）在接受調查之後竟然又被侵犯時，對於校方的疏忽更是憤怒到了極點。

耀華轉到這所特教學校還不到一年。媽媽說，她本來打算讓兒子念住家附近的資源班，後來是聽人家說這所特教學校設備很好，她來試聽過幾堂課，也覺得環境及師資很不錯，才決定讓兒子轉學到這裡念書。

「我想說他們學校資源一定很多，又是國立的，辦得很好，而且老師都是專業的。剛開始我是想說讓孩子去那邊，就是讓他獨立，跟人家這樣子一起團體活動，學校用電腦或電視還有限制時間啊，像軍人一樣……」媽媽眼神映著純淨的光影，誠懇說道：「而且我是想說，他只是聽

障，肢體沒有不方便，也可以去幫忙人家。這樣子，也是一種學習啊！」

良好的家教讓耀華的個性溫和而善良，從不與人爭吵，不幸的是他長得白淨斯文，經常成為明顯的攻擊目標。為了怕爸媽擔心，他從來不提被欺負的事，是其他孩子接受調查時，冷不防冒出「耀華跟我一樣」，調查小組才循線得知實情。

媽媽說，學校打電話通知要耀華接受調查時，她完全不知道是怎麼回事。「我們都憨憨的，學校要我們幹嘛，我們就幹嘛。」直到約談當天，老師透過手語配合肢體動作問耀華：「大哥哥是不是對你做這個動作？」耀華說。「老師問他有過幾次？耀華天真地說：「十幾次。大哥哥說不要跟人家說，我就沒說。」

「那時我跟爸爸坐在旁邊，他爸爸都快哭出來了。我心裡想說，啊，是我幫他挑的學校⋯⋯」媽媽哽咽了，停頓了好久：「他們導師坐在旁邊安慰我說，媽媽你不要有挫折感。可是，我們是想說這裡比較好，才轉過來，結果怎麼⋯⋯我一直覺得對孩子很不好意思，讓他受到這種痛苦，覺得很抱歉⋯⋯」

「後來我才想到，有一次參加那個戶外教學，有一個不知道是教什麼的老師問我說，你們住哪裡？我說，住在○○啊，那個老師說，如果可以的話，最好通勤，然後就沒再說了。」提起這段插曲，媽媽難掩心中懊悔：「唉，那時候沒想那麼多，哪曉得他是在暗示我們不要住校。」

只是，調查歸調查，問題依舊存在。就在調查結束後的端午節，耀華又在宿舍被侵犯了。

那天夜裡爸媽接到學校來電通知，心裡又氣又急卻束手無策。經過一夜無眠，隔天一早媽媽打電話到學校問明詳情，某主任告訴她：「學生都還在成長，學校在管理上無法面面俱到。而且，我們不能保證以後不會再發生。」末了，還有意無意加了句：「你們最好別把事情鬧大。」

最後這句話，惹毛了向來好脾氣的耀華爸爸。他直接衝到學校質問，負責出面的（另一位）主任倒是很坦白：「學生有這些行為，我們沒辦法百分之百負責。」

爸爸忍住火氣，試著講道理：「你們一直說欺負耀華的學生家住很遠，沒辦法要他通勤，現在耀華又出事了，你們又說不能百分之百負責，是什麼意思？如果你們再不解決的話，我就去媒體爆料，把事情通通說出來！」

「威脅」果然有用。當天晚上，C校長親自到耀華家道歉，並表示學校一定會加強巡邏，也會對耀華特別照顧。耀華爸媽都是明理人，他們看C校長這麼年輕，說話又客氣有禮，就算有滿腔怒火，也不好再說什麼。不過某主任「不能百分之百保證以後不會再發生」的話言猶在耳，媽媽很不放心，她想讓耀華轉學。

一聽到「轉學」，C校長急得都快跳腳了：「不用啊，如果你們擔心通勤太麻煩，我可以每天來接耀華上學！」

「校長這樣說，我覺得好奇怪，又不順路，等於是要他繞遠路，我就說不要。」媽媽如此回憶，「後來學校好像有比較好，耀華也沒再出事了。」

然後，媽媽主動提起那位「看起來乖乖的大哥哥」：「我們耀華國一才轉過去，什麼人都不認識，週末回家跟我說，有個大哥哥對他很好，會請他吃東西，教他做功課。我想說這樣子很好，他們導師也說，耀華會跟其他同學吵架，有個大哥哥照顧他，這樣子很好，誰知道……」

「大哥哥」的名字叫凱林（化名），是大人心目中的好孩子、好學生，是學校熠熠發光的明星。沒有人相信這個溫文儒雅、人見人愛的少年，竟是多起性侵案的行為人。

凱林媽媽接到學校通知時，跟耀華媽媽一樣，也是一頭霧水。老師在電話另一端支支吾吾地要她趕到學校，至於發生什麼事卻不肯透露，只是一再強調：千萬別跟任何人說！「那時候我想說，ㄟ，我是凱林媽耶，老師什麼都不跟我講，又跟我說警察要去學校做筆錄，我當然很緊張啊！」凱林媽媽說。

做生意的凱林媽媽聰明、有主見，從不輕易大驚小怪，眼見校方語意含糊，她索性直接打電話到警察局問個明白。員警的說詞既具體又明確，完全不留轉圜想像的空間，她頓時覺得自己的心往下沉，沉入茫茫大海，快要溺斃了。

約談初期，凱林全盤否認自己欺負別人，調查老師捺住性子循循善誘，凱林才用手語表示，媽媽在這邊，會怕。老師委婉請媽媽離開，媽媽說什麼也不肯。「我很怕啊，萬一調查小組隨便講，我兒子隨便承認，那不就完蛋了，對不對？可是調查老師挑明了說，你在這裡，你兒子不敢承認……可是凱林一開始通通都否認啊，我很擔心，就跟老師說，你們是要逼他說到有為止

喔?」

可是媽媽心裡明白,這孩子恐怕真的做錯事了。她握住凱林的手說:「你老老實實地講,不用怕,真的有做就講出來。有就有,沒有就沒有,媽媽會幫你。」在她心中,凱林聰明又孝順,是個很善良的孩子。直到此時此刻,她仍抱著一線希望,希望一切都是誤會。但是,凱林終究還是承認了。

「是我把他送到那裡(學校)去的,我的罪比較重!」至今說來,媽媽仍是心如刀割。

真相或可揭露,冤屈或可平反。但心智尚未成熟、性知識既匱乏又謬誤的學生為何誤入歧途,寧可被欺負也默不作聲?學校除了懲罰學生、要家長帶回去,又提供了什麼協助?

答案是:涉案七十幾位學生,僅有兩名接受心理輔導。

有學校老師向張萍坦承,他們欠缺專業治療背景,也沒有能力處理這麼複雜的個案,曾建議學校另聘專業心理師,但某主管卻說:「學校沒錢」,就沒下文了。張萍很「雞婆」地跑去跟該主管說:「你們是國立學校,就算學校沒錢,也可以跟主管機關(指教育部中部辦公室)要資源啊!」該主管瞪大眼睛,一副不可思議的樣子:「ㄟ,他們是長官耶!」

「這句話背後真正的意思就是:小孩子的事,我們怎麼好意思去跟長官要資源?」想起這件事,張萍依舊怒氣騰騰:「他連這種話也說得出口!」

舊案未了,新案不斷,有家長看不下去,去函學校要求改進,該校教師會的回應是:

「該函內容嚴重打擊本校教師士氣」

「『校安事件層出不窮，安全管理漏洞百出，宿舍生活混亂失序……』的內容過於含糊且偏頗有失公允……除抹煞教師的心血，更對教師士氣造成莫大打擊。」

校方無法保證學校安全，老師又不願承認無能為力，萬一又有學生出事，怎麼辦？

人本直接行文教育部本部，質疑身為主管機關的中部辦公室沒有執行《特殊教育法》評鑑業務(註1)，才會讓學校教學品質與行政管理千瘡百孔。教育部本部並沒有回應，倒是前中辦科長羅清雲以「沒有評鑑標準，礙難執行」為由，讓人本吃了個軟釘子。

根據《特殊教育法》第47條規定：「高級中等以下各教育階段學校辦理特殊教育之成效，主管機關應至少每三年辦理一次評鑑……評鑑項目及結果應予公布，並對評鑑成績優良者予以獎勵，未達標準者應予追蹤輔導；其相關評鑑辦法及自治法規，由各主管機關定之。」中辦官網上亦明白告示其第一科的業務包括「特殊教育學校評鑑業務。」不過自從二○○三年之後，中辦就再也沒做過特教學校評鑑，如今卻以「沒有評鑑標準」為由搪塞，顯然違法。為什麼教育部本部卻放任不管？

人本被逼得無路可走，只得再度請陳節如立委出馬，與學校及中辦召開協調會。唉！公務員最怕的，果然還是立委，在陳節如緊迫盯人的逼問之下，校方及中辦終於做出以下承諾：

一、教育部在二〇一一年底前邀集特教學者、團體代表組成專家小組，針對學校辦理總體校務及教學專案訪視輔導；

二、教育部應於半年內詳細評估招收智障生及一般生之教學管理問題，並依評估結論，提出是否停止招收非聽障生的政策方向；

三、學校應於兩週內提出上學年度從國小一年級到高中三年級與人身安全及性別教育相關課程之單元名稱、時數、內容、教學計畫及如何評量之書面報告；

四、學校成立調查小組調查範圍應涵蓋所有遭受性侵及性騷擾學生，如調查結果發現學生曾向老師或其他校務人員告知卻未獲妥善處理，學校應主動依《性侵害防治法》，將該教師或行政人員處以行政處罰；

五、全國特殊教育學校評鑑，二〇〇三年辦理後即未再辦理，教育部應盡速規劃辦理。

學校是否會有所改變？張萍心裡不是沒有疑問，但她說服自己要樂觀一點，說不定，這次會有所不同。

時序到了八月，該校性平調查小組的調查報告出爐，把許多不可解的疑團都給照亮了：學校在短短兩年內發生上百起案件，涉案學生多達七十多人，出事地點包括教室、宿舍、圖書館、老師家、同學家、火車及校車，其中光是校車上就占了四分之一。老師們信誓旦旦「他們只是在玩而已」的說法，成了最大諷刺。

全世界的道德秩序彷彿都被顛覆了。看完報告，張萍激動地好想大聲咆哮，卻只能無力地跌坐在椅子上，靜靜地淌著眼淚。

如果一間公司有很多問題，就必須透過專業人士做整體診斷，而不能只進行個案處理。學校亦然。如果校方有誠意解決問題、改變現況，大家都樂觀其成；但該校的思考邏輯及回應模式，始終停留在處罰孩子、加裝監視器，即使事後證明這些方法全不管用，他們也不願改變。

除非整間學校大刀闊斧，有所改革，否則類似案件將會層出不窮。

張萍與馮喬蘭商量是否要召開記者會，透過輿論壓力，迫使教育部出面解決。

提到人本基金會，很多人的反應是「很愛開記者會罵老師的民間團體」，但外界未必知悉的是，為了是否要公布學校狼師或過度體罰案例，內部同仁激辯多時有如家常便飯，因為訴諸媒體輿論有利有弊，必須事前仔細評估，權衡得失，一旦決定開記者會，肯定是沒有其他法子了。

這回特教學校的事，他們更是猶豫再三。尤其涉案的都是聽障學生，若是媒體及民眾反將箭頭指向他們，說：「看吧，這種小孩就是這樣」，不是適得其反嗎？只是眼見學校有恃無恐，消極以對，張萍突然想到，學校是否看準人本不敢把事情鬧大，才會相應不理？

「我們不是沒有嘗試跟學校溝通，可是他們一直用增加硬體設施來解決，要不然就是怪到小孩頭上，說他們病態。難道他們一點責任都沒有？」張萍從學校體制的角度分析：「說起來，學校也不是完全坐視不管，可是他們採取的方法就是『監控』啊，要小孩洗澡的時候浴簾只能拉上

一半，晚上睡覺的時候，管理員還會掀被子檢查……如果他們真的相信『孩子只是在玩』，何必這麼緊張？」

馮喬蘭則是從教育資源的角度評估：「那所學校每年有一億五千萬的人事經費，一億五千萬耶，明明知道學校裡面的人不行，國家為什麼要花這麼多錢，讓小孩受到這種待遇？拿這一億五千萬來重新聘人，總可以吧？根本不用另外追加預算，就可以重新整頓學校啊！」

兩人初步決定要開記者會了，人本董事長史英卻覺得不妥。他說，協調會結論不是要給學校機會到年底嗎？為什麼急著開記者會？你們是不是「殺紅了眼」？

張萍一時為之語塞。她不是不記得協調會決議，也不是不知道史英的顧慮，可眼見孩子只能用眼淚來表達驚惶與悲傷，她無法把這些憂傷痛苦的臉孔從腦海裡抹去。「我很想幫他們轉到其他學校，就是找不到啊，根本沒有學校要收！他們必須回去一個你明知道會出事的地方，而且也真的又出事了……」她好擔心再拖下去，又有孩子受害，怎麼辦？他們每浪費一秒，都可能更接近悲劇一秒啊！

最後史英被說服了。他們決定記者會除了揭發事實真相，也提出具體建議：學校必須交由專業團隊接管。

召開記者會或許無法立刻解決問題，但若是不踏出這一步，學校將永遠保持現狀，孩子處境也永遠不會改變。

再多的眼淚與懊悔，也換不回受害孩子的青春與純真。

1 根據民國九十八年《特殊教育法》第47條規定：高級中等以下各教育階段學校辦理特殊教育之成效，主管機關應至少每三年辦理一次評鑑。但教育部中部辦公室卻以「還沒有訂出合宜的評鑑指標」為由，不願進行校務評鑑，且已連續九年不曾進行評鑑。

國王的新衣

1

從小聽〈國王的新衣〉故事時，最讓人驚訝的不是小男孩膽敢當眾指出國王沒穿衣服，而是為什麼從王公貴族到販夫走卒，會集體建構出如此荒唐的謊言，並把謊言視為理所當然？

有時，真相就像國王新衣一樣赤裸，因為赤裸到太真實了，反而讓人不舒服到想全盤否認。

比被侵害更痛苦的，是遭到孤立的感覺，沒有人幫助的絕望。「我有跟老師說，可是老師不相信」「我去告訴老師，老師都不管」……類似的情節，張萍他們已聽過太多、太多了。因為聽見孩子的吶喊，他們不能、也不願保持沉默下去。

人本主動出擊，召開記者會。

「開記者會」的消息才傳出去，中辦關切的電話就來了。他們請人本暫緩，還說，教育部本部的性平調查報告就快出來了，到時候調查小組會去跟學校談，你們也可以一起來。

馮喬蘭認為教育部早該深入調查，而不是等紙包不住火了才來滅火，堅持記者會一定會開，對方發現阻擋不成，改打拖延戰術說，那要不要晚一點開？等完整報告出來了再開，你們也會比較清楚問題是什麼啊。

事實上，教育部本部成立調查小組，是人本直接向該部糾舉後才介入調查的，但該小組查了半天，只聽取校內員工說法，卻避開當事人及家長，這樣的調查，能反映多少事實？事後馮喬蘭回想起來發現中辦根本是在說謊，因為就權責劃分來說，中辦沒有權力指揮教育部本部性平小組，又怎麼可能代邀人本一起開會？

為什麼教育部及學校不願深究造成錯誤的根源是什麼？他們到底在怕什麼？

2

二〇一一年九月二十一日上午，人本基金會與田秋堇立委共同召開「充耳不聞、視而不見、隱匿不報、見死不救……學校是叢林，還是煉獄？」記者會，人本特別邀請中辦藍順德主任出席，希望能與擁有決策權的官員交換意見。

縱使望穿秋水，藍主任並沒有出現，倒是特教科的羅清雲科長來了。他拿出事前準備好的一疊資料，逐項念出各種數據，包括已懲處知情不報的職員，提出四個改進方向，已派五人調查小組視察云云。

有記者舉手發問：「科長，時間寶貴，我想請問一下……」這時手機鈴響，原來有人打電話給科長，他逕自拿起手機講起電話，沒有理會記者。

「那我請教史老師好了，」記者轉而改問史英：「請問，從去年調查到現在，有沒有再發生案件？如果有的話，就表示中辦的處理無效！」這時羅科長剛好講完電話，記者又把問題轉回科長，還附帶一句「請簡短回答！」

羅科長說：「目前看到的案子，很多都是從民國九十七年發生，處理到現在的……」

史英忍不住插話：「那麼，你是說沒有發生新的案子嗎？」

「我不敢保證。」羅科長猶豫了一下。

「所以你知道有發生（新的案子）嘛！」

羅科長默不作聲。

張萍拿起麥克風，表情散發一股寒氣：「這一年來，相關的七十六個孩子，只有一個受害者得到諮商，另一個行為人有行為處遇計畫。我想請問科長，有人幫另外七十四個孩子嗎？」

羅科長趕緊表示，中辦已經很努力了，不但邀請人本跟勵馨基金會加入，還有女性權益促進

會……

張萍當場厲聲反駁：「勵馨跟人本加入，是六月陳節如立委開協調會，要求校方邀請我們加入的。女權會呂主任告訴我，學校只找她開過一次，就說她支持不調查，可是她告訴我，她根本就不知道有這個結論！」

羅科長不再談中辦做了什麼，改口談「孩子的權益」：「我想，人本還是要注意保密，不要造成任何人再度受傷……」

聽到羅科長這番話，史英火氣就上來了：「只要有人談這件事，你們就說不要傷害學生，那要怎麼救人？剛剛我們所有的發言，有指名道姓嗎？有洩密嗎？怎麼會傷害學生？之前中辦也告訴人本，等這週五調查報告公布再開記者會，免得傷害學生。我們仍然決定今天開，因為我們知道，教育部說關心學生，卻從來沒和學生談過話。這種調查報告不會有結果！」

羅科長未直接回應史英的說法，只是一再強調中辦很關心，也一直在處理。

凱林媽媽及小元爸爸也來了。帶著帽子與口罩的凱林媽媽說，當她親耳聽到兒子說出傷害別人、也曾被侵害的事，她的心好痛。「我本來是很信任學校的，可是孩子發生事情，竟然沒有老師協助他、照顧他……我真的好後悔把他送來！」話還沒說完，已是泣不成聲。

小元爸爸甫開口就哽咽了：「我今天是先到派出所報案，才敢來參加記者會的。學校警告我說，你的孩子還在學校……」他強忍住眼眶裡打轉的淚水，繼續說道：「我在校長室旁邊的樓梯

間撞見三名男同學在猥褻一名女同學，立刻跟學校通報，可是學校給我的答覆是『他們只是在玩』……就是因為學校視而不見，事情才會越演越烈！」

當天下午，教育部立刻駁斥人本說法，表示性平案「只有」七十一件，不知道人本說的一二八件是從哪來的。C校長也說：「只有七十一件，沒人本說的那麼嚴重啦！……而且人本把校外、家中的性侵案都算到學校頭上，根本就是中傷！」(註1)

人本與教育部各自表述，都拋出許多值得探究的問題，可惜媒體老繞著案件數打轉，拼命問說，為什麼你們兩邊統計的案件數兜不攏？面對記者一再地詢問，張萍只得一再說明：教育部跟學校的算法，是以加害的行為人總數來計算，所以只有七十一件，但是一名行為人可能犯案不只一次，人本是以案件量來計算，所以是一二八件。

有媒體標題下得好：「笨蛋，問題不在數字！」不論是七十一件還是一二八件，案件數量的多寡根本就不是重點，重要的是，學校到底出了什麼問題？為什麼等情況嚴重至此，才來想辦法修補？

學生長年受害，學校知情不報，憤怒的輿論幾近沸騰。眼見情勢一發不可收拾，教育部次長陳益興及中辦主任藍順德只得出面鞠躬道歉，表示一定會「查到哪，辦到哪，毋枉毋縱」。

九月二十三日上午，教育部長吳清基公開表示遺憾，同時也替C校長抱屈說，C校長是「鼓勵學生說出委屈，事件才會爆發」「勇於任事，沒有必要撤換」，至於有關專業團隊接管的建

議，則是隻字未提。（註2）

唉，教育部想的只有懲處，卻拿不出解決辦法。人本與全國家長團體聯盟、勵馨基金會及田秋堇立委再度召開記者會，批評教育部除了道歉及公布通報數字，什麼也沒做。馮喬蘭說：「教育部長、次長和中辦主任出面道歉，都只是表面形式。可是那些要求被害學生不要聲張的人都還在學校工作，如果無法有效處理這個『共犯結構』，無法有效地隔離加害者及受害者，如何確保學生不再受到侵害？」全國家長團體聯盟理事長謝國清更是措詞強烈地表示：「教育部長期以保障教育人員權益為由，延遲事件處理，僅以申誡記過處置，形同包庇加害學生的老師及行政人員，相關官員也該下台負責！」

與此同時，十多名家長也特地在學校內召開記者會，海報上斗大的字寫著：「濫殺無辜 學校不是煉獄 我的孩子不是狼」「別再亂 人本基金會 不肖『特定家長』」，大有與人本互別苗頭的意味。他們指控少數人扭曲事實，讓學生及學校汙名化，至於在場的C校長更是語帶感性地說，連日來台北媒體的負面報導，讓他努力兩年的心血毀於一旦，毀了過去打下的基礎。他自認內心很坦蕩，沒有委屈，只是如果再多給他一點時間，就可以看到成果了，他很不甘心！

C校長的「心有不甘」說，馮喬蘭看了也很不甘心，也有話要說：「校長認為再給他一些時間，就可以看見成果了。只是校長並未言明，是怎樣的成果？事實上，開始進行性平案件的調查，就應該開始提供保護與輔導，以及改善。現在爆發的這些案件，有的在去年底就開始進行調

查，有的是在今年三、四月，也就是說，學校就算要推諉說以前都不知道，但至少，今年四、五月可以知道了吧，那麼，該給孩子的教育跟輔導諮商呢？該改善的設施呢？該結合的資源呢？

「就算四、五在等性平事件調查報告完成，那麼，暑假期間，總可以有些時間，進行相關安排，以免開學後一切如昔照舊。但是暑假做了什麼？難道是因為校長忙著補修特教學分，沒有時間處理？直到社會關注排山倒海而來時，卻來跟大家要『未來的時間』，還能說不甘心。我們只能說，很遺憾，而且很痛心。校長不甘心的是孩子的處境，還是自己的位置？」

記者會結束後，教育部突然發布人事調動令，將C校長調離原有職務，改由中部辦公室專員代理校長。不過，這與人本期待專業團隊接管的目標仍有距離，他們仍有疑問⋯

「刻意將責任局限於一校，只由一個校長承擔，這表示部長並未真正反省。我們不反對調走校長，但該校問題經長久行政包庇，累積經年，中部辦公室豈能無責？現在卻由中部辦公室負責行政督導，這不仍然是『帶罪之人負責調查自己之罪』嗎？」

「我們要求專業團隊接管，是指由專業團隊決定如何運用現有人力；也就是專業團隊必須有決策權、行政權、指揮權，而不是在既有勢力限制下，徒然犧牲。若照部長安排，專業小組不但沒有接管學校，反倒被中部辦公室接管了！

「不要逃避問題、不要掩蓋真相、不要鋸箭療傷、不要愛護自己的面子勝於孩子的福祉；並相信組織真正的專業團隊，實質接管學校，以拯救孩子於水深火熱之中。」（註3）

人本連番重砲抨擊教育部及學校，聲障團體聲暉聯合會榮譽理事長莫素娟十分不以為然，她質疑校內有人「洩密」，更指責人本「戕害孩子」：

「學校已經進行相關保護措施並將傷害降到最低，就不該踩在孩子身上，在傷口上灑鹽，如此對社會是一種傷害，對弱勢族群更是不公平，而特定人士遊走法律與道德邊緣，刻意渲染對教育並無幫助，家長團體絕對不同意且給予嚴屬的批判！

「當校園發生性平事件時，對於勇於處理的學校無任何支持的力量，對於刻意渲染事件的人、團體或是媒體完全沒有任何約制，在毫無自律的腥羶殺戮中，學校成為社會詭異氛圍下的祭品，學生一次又一次地受到傷害，家長亦將陷入悲情的輪迴中！」（註4）

人本在台灣社會的評價頗為兩極，隨便在網路上搜尋一下，抨擊他們「唯恐天下不亂」「置學校老師於死地」的文章不可勝數，足夠編一本厚厚的文集了。這回人本挾著高知名度及學者專

家背書的「優勢」，批判地處偏遠的特教學校，怎麼看都像是場不公平的戰爭，因此Ｃ校長的說法以及部分家長與民間團體的支持，果然說服了不少人。甚至還有記者善意提醒人本：「你們是不是被利用了啊？」

人本是否刻意渲染事件，大可受社會公評。不過指責學校內部有人洩密，或是懷疑人本被利用，就很有趣了。就算有人「洩密」好了，這些「密」是否屬實？就算人本「被利用」好了，他們是否涉及誣陷誹謗？如果這些「密」都是「事實」，如果人本既沒造謠、也沒說謊，長期消極怠惰的校方，不是最該被咎責的對象嗎？怎麼大家反而把怒氣出在人本頭上？

為了澄清事實與表明立場，九月二十六日，人本在特教學校所在的城市召開「還是需要專業團隊──對特教學校事件我們的訴求與回應」記者會，期盼與當地民眾及記者直接對話。

沒想到地方媒體最在意的，還是案件數。某報地方記者措詞強烈地質問：「學校說案子有七十一件，人本卻說有一二八件，是不是你們掌握了一些學校不知道的案件卻隱匿不報？這難道不涉及違法嗎？」

人本隱匿案情不報？這種說法還真是前所未聞！張萍一時沒弄清楚對方意思，只是捺住性子說明：「我們掌握的案件都是出自學校，只是計算方式不同。如果一個孩子被八個不同的孩子侵害，我們會計算成八個案子，因為每個案子都有被考量的處遇計畫；校方和教育部卻認為受害孩子只有一個，會把這些併成同一個案子，所以案件數量比較少。」

那天張萍沒來得及說的是，如

果「舊案號」卻有「新案子」，校方是直接把新案併進舊案，也就是說，如果某個孩子過去被侵害並登記有案，後來又被侵害了，學校會算進之前的舊案，而不會另開新案。

「這種算法，當然會讓案件數量看起來比較低啊！」事後張萍才恍然大悟地說給我聽：「指控人本隱匿案件不報，是因為校方搞不清楚有多少案子，當然不敢承認，所以只好跟記者說，一定是人本掌握了我們不知道的案子，也沒告訴我們！」

那天記者會的「高潮」，是位中年男士的發言。他突然起身，對著台前的馮喬蘭及張萍比了一連串手語。

現場一陣靜默，不知他用意何在。

「你們連手語都不會，怎麼能調查？用筆談，會正確嗎？你們口口聲聲說要保護孩子，卻把情節赤裸裸地展現在社會面前，孩子還要不要見人啊？」男子越說越激動：「你們有讓社會大眾了解事情的前因後果嗎？這樣斷章取義、移花接木實在是太容易了……你們第一天的記者會，有一些說的都不是真的！」

「對不起，請問你認為哪些不是真的？」馮喬蘭問他。

「譬如那個家長。他說他先去備案，才冒著危險去參加記者會，那不是真的。」

「你是說，他沒有去備案？」

「對，沒有這個樣子。」

「你是說，他沒有那麼危險？還是說，他沒有去備案？」

「不好意思，你說有一些不是真的，到底是指什麼？」

「有些東西移來移去，接來接去的。」

那名男士又說，他無法忍受人本一而再、再而三地描述性侵案細節，「如果像人本說的學校有四分之一是性侵行為人，那其他四分之三的學生怎麼辦？不管是教育部調查的七十一件，或是人本公布的一二八件，都足以讓學校化為焦土！如果沒有學生敢來念書，就算有專業團隊進駐接管學校，又有什麼用？」

事後張萍等人方才得知，那位激動發言的男士，是該所特教學校的資深教師，而且他是「奉校長指示出席記者會」。（註5）

「如果那時候知道他是學校老師的話，我一定會問他，如果會手語就可以查出事實，為什麼你們查不出來？我們用筆談，小孩子都那麼願意說了，你們為什麼不早點用手語問？還談什麼保護孩子？」張萍滿漲的情緒又冒出來了，「我們從來都不覺得孩子不可見人，是那些覺得他們『見不得人』的人才有問題！」

九月二十七日，教育部性平會調查報告出爐，指出該校應檢討事項包括：「性平會委員對事件判斷和處理能力薄弱」「教職員工對性平事件發生的敏感程度過低」「住宿生管理員及隨車教師助理員忽略和漫不經心」「學校未能保障當事人之人身安全，或減低雙方當事人互動之機會」「部分教師手語能力不佳，導致師生溝通不良」「學校未針對當事人訂定具體個案輔導計畫」

等。這個調查結果或許不盡周全，但至少證明了人本既沒造謠，也沒說謊，無疑是公開打了學校一記耳光。教育部次長吳財順也公開表示，該部將追究C校長與教育部中辦的責任（註6），並再三強調：「教育部會補助學校加裝監視器，小學部的通鋪也會加裝三十公分的隔離柵欄」。

唉，C校長已經裝了那麼多監視器，都不足以遏止案件發生了，怎麼事到如今，官員腦袋瓜裡想的，還是只有監視器跟柵欄呢？

3

事實的揭露，讓批評聲浪有如四散在各處的火苗合成一片，無可挽回地燃燒起來。教育部的態度，也從原來的「遺憾」變成「抱歉」，姿態變得很低，尤其是教育部長吳清基。

九月二十九日，吳部長到立法院教育委員會進行專案報告。他在現場一再鞠躬道歉，承諾將採取各種具體作為，包括「邀集相關人員組成專責行政督導小組到校督導」「另組專業輔導小組，協助學校強化輔導措施」等，並說該部已有相關改善計畫，像是「特殊教育友善校園學生事務與輔導工作實施計畫」「特殊教育學校性別平等教育自我檢核表」「國立特殊教育學校強化校

務運作效能注意事項」等，未來教育部也一定會加強督導。

這份洋洋灑灑、寫了上萬字的報告，第一頁便寫道：「本部於一○○年九月二十二日至二十五日由駐區督學駐校輔導」。咦，人本二十一日召開記者會，難道教育部是當天才知情？

當然不是。至少在前一年的十二月十五日教育部召開性平會時，中辦就已提出該校發生十一件性平案的報告，而當時會議主席就是吳部長，難道他忘了嗎？

如果吳部長早在一年前便已知情，為何遲至隔年九月才派駐區督學輔導？合理的推測是：教育部本部輕忽了問題嚴重性，也高估中辦的執行力，直到人本召開記者會才發現事態嚴重，不得不親上火線滅火。此外，這份報告充斥著「加強督導」「強化教育」這類既無目標管理，也無具體績效指標的建議，要如何確認校方確實做到？這回部長親自出馬，提出的仍是「抽象建議」，而不是「具體做法」，讓人懷疑整個行政體系是否已嚴重失能？

聽完部長近二十分鐘的口頭報告，獲邀至現場的史英忍不住開砲：「去年人本找立委陳節如介入解決，開協調會，教育部中辦也做過四次調查，但學校口交、肛交事件一天到晚都在發生，八成受害者從小學就開始被害⋯⋯學校有老師的孩子也是聽障，卻沒選擇讀自己任教的學校，為什麼？如果出事的是他自己的小孩，老師坐得住嗎？」

然後，史英語出驚人地指出，兩年來爆發的一二八件案子，只是針對聽障學生的調查，可是該校還有一百五十位智障生，他懷疑這些學生已經受害，只是外界無從得知。

此語一出，現場嘩然。

「所以，真的要處理這些問題，不能再停留在行政督導層面，而是要思考整體制度的問題，」史英感嘆地說：「如今才來研究、設計，根本就緩不濟急。」他再次表明希望讓專業團隊接管學校的態度。

外界一直不太理解，為何人本反對僅由教育部找專家輔導學校，堅持要由專業團隊進駐處理？馮喬蘭解釋說：「聽障孩子因為處於弱勢，又沒辦法替自己發聲，強權的管理者很容易漠視他們的權益。」她以為，校方一再以「孩子在玩遊戲」將性侵合理化，反映主其事者對學生欠缺真正關懷，「漠視與歧視才是整起事件的問題所在，而在這樣的體制中，就算有人想認真做事，也敵不過周遭的壓力。」

馮喬蘭認為，教育部及校方不願面對問題，導致案件延宕，越來越不可收拾，顯見他們早已無能為力。「整頓一所學校，不能只靠個人或是單一團體，當初我們決定開記者會，就是希望能引起外界注意，挹注更多的資源來積極整頓，透過公權力結合專家團隊，進行全面性的檢討與協助。尤其接管學校的專家團隊必須具備實際行政權、指揮權和決策權，才能對一個封閉的行政體系發揮改革作用。」

但顯然吳部長不這麼想。他以「過去從來沒有民間團體接管學校的前例」及「目前已調離現職校長，由中辦專門委員進駐接管，也邀專家團隊組成督導小組協助」為由，拒絕這項建議。

十二月六日，教育部公布懲處名單，學校除C校長遭記過處分之外，兩位前任校長被記申誡及大過，負責督導的中辦主任藍順德被記過兩次，主管業務的科長、督學、相關業務人員也分別被處以申誡到記過等。這是歷年來教育高層官員遭到最嚴重的一次懲處。

教育部以為，該罰的人都罰了，該做的似乎也都做了。剩下的，就讓時間慢慢撫平所有人的傷痛吧。

只可惜事與願違。該校性平案仍舊持續發生。

1 《性平法》是以「發生時當事人的身分」界定校園事件的範圍，只要事件發生時，當事人的身分符合《性平法》要求，即使發生地點在校外，仍適用《性平法》。C校長恐怕是對《性平法》有所誤解才會這麼說。

2 二〇一一年九月二十二日人本基金會發表〈無能接管學校不如趁早下台〉新聞稿，再次強調「立即由專業團隊接管學校，先照顧目前學生的需求」的重要性。

3 〈敬告吳清基部長〉，人本基金會，二〇一一年九月二十三日，全文見《人本教育札記》269期，二〇一一年十一月號。

4 〈學生隱私應在言論自由之上〉，莫素娟，二〇一一年九月二十六日 聲暉協會新聞稿。

5 這是二〇一一年九月二十六日該校外出登記簿上，該名資深教師寫的「外出事由」。

6 值得注意的是，教育部報告的案件統計仍沿用校方的計算方式，指出七十一件是「通報案件總數」，因為在七十一件案子中，有十八件「不成案」，十一件「調查中」，另有四件則屬「合意行為」，也就是說，教育部真正認定的案件只有三十八件（性騷擾十九件，性侵害十九件），這個結果與日後監察院的調查結果差了將近四倍。

生命中不能承受之重量

1

九月幾場風風火火的記者會，讓特教學校新聞在媒體上喧騰了好一陣子。張萍心想，只要事實俱在，或許教育部終將體會人本的用心，願意接受專業團隊進駐的建議，讓一切重歸美好吧。

事情當然不是那樣。表面上看起來，人本「殺」得教育部措手不及，逼得官員排排站一鞠躬，還把前途無量的年輕校長給逼下台，好像是打贏了一場硬仗。然後呢？然後，就什麼都沒有了，一切激情、憤怒與批評就像是船過水無痕，什麼都沒了。

有朋友告訴張萍，教育部輔導諮詢小組到學校協助處理，校方提出的性平計畫及校園安全地圖根本不合格，被小組退了五、六次還做不好，而部分老師仍舊認定「事情會變成這樣，都是小孩有病！」更離譜的是，至今生輔員還讓發生關係的學生睡在同間寢室……

這所學校真的可以改變嗎？以為伸出手來就可以拯救孩子如溺水之人，會不會太天真？

廖慧嫻反覆質問自己這個問題不下上百次了，希望與絕望同時浮現，她一直沒有答案。

• • •

廖慧嫻原本在人本南部辦公室負責中輟生追蹤查訪工作。大學主修心理學的她長得圓潤大方，性格明快爽朗，很容易跟孩子打成一片，這份工作對她來說游刃有餘。

二〇一一年中旬，正忙著調查本案的張萍亟需人手幫忙。她觀察廖慧嫻好一段時間，覺得這女孩聰明伶俐，又有股不畏強權的個性，決定找她做專案社工，協助探訪及分析案情。

「剛開始我也不是很清楚，只想說做家訪喔，嗯，應該沒問題吧，」廖慧嫻說：「接觸以後才知道，哇，事情那麼嚴重！」

廖慧嫻五月接手，隨即跟著張萍四處拜訪案家，了解當事人的家庭背景、身心狀況及需要的協助，成為張萍不可或缺的幫手。她臉上總是笑瞇瞇的，只要一笑就加深了俏皮與善意，很討人喜歡。就算手語打得不怎麼樣，可是她願意花時間陪伴，傾聽生活大小瑣事，孩子們自然掏心掏肺，什麼都說。

廖慧嫻第一次與凱林見面，凱林便老實招認了，包括他欺負同學，以及被同學欺負的事。

「那次我也有點意外，為什麼第一次跟他聊，他就這麼願意說？」廖慧嫻頓了頓，如此分

析：「我想這些東西在他心裡很久了，有些認知上的衝突。雖然他被訓誡了，可是他還在了解事情的對錯，處於不太明確的地帶。我想，他應該很想找個不是爸媽或老師的人說出來。」

廖慧嫻有種時下年輕人罕見的單純。有回她突然從手袋裡拿出一根香蕉遞給凱林：「我媽媽種的。本來是想多帶一點給你啦，可是被我吃掉了。」說罷兀自咯咯笑個不停。凱林接過香蕉，眼鏡後面的眼睛突然閃著光彩，原來廖慧嫻在香蕉皮上畫了個笑臉。我跟凱林媽媽對望一眼，隨即忍不住放聲大笑，凱林原略顯靦腆的臉，霎時就像一朵突然綻放的花似的笑開了。他把笑臉香蕉拿在手上把玩了好久，直到我們要離開了，才很捨不得地把香蕉吞下肚。

或許就是這份難能可貴的單純，讓孩子總是很快能上慧嫻阿姨，進而親近她、信任她。

曉光（化名）也很喜歡她。兩人第一次見面沒談多久，曉光就在筆記本上寫下：「六月晚○○○在圖書館門口向（想）上我的身體。我有告訴老師，老師沒有處理，好奇怪算了，早上我有告訴組長說。」原來大家只知道曉光是行為人，不確定他是否受害。

廖慧嫻問他：「有沒有需要我幫忙的地方？」曉光畫了個信封，意思是想用寫的，然後從房間拿出筆記簿，認真抄下廖慧嫻的電子信箱，說，我會記得慧嫻阿姨「黑黑的」，並迫不及待問她：「你什麼時候再來找我玩？」

廖慧嫻笑了起來：「我再傳簡訊告訴你。」

曉光是少數願意敞開心房的孩子。不過他說的多半是傷害別人的事，自己的受害經驗則不太

願意提。這是許多孩子的共同反應。

廖慧嫻知道，曉光還需要時間，只能耐心等候。她和張萍持續去探望他，時間充裕的話，還會帶他去逛逛街、騎自行車、參觀美術館，讓身為獨生子的曉光開心到不行，每次見到她們都笑得合不攏嘴。

在廖慧嫻眼裡，孩子的世界是誠懇的，他們很想說出真相，並不想隱瞞，可是大人總是要他們噤聲不語，孩子心裡一定很難受吧。

有天曉光想邀她去海邊玩，一連說了幾次，廖慧嫻心想，或許他想轉移一下心情，兩人便走到附近海邊。那是個熱氣逼人的午後，他們頂著大太陽玩水、捉寄居蟹，玩得開心極了。海邊的、陽光的曉光，看來是那麼的無憂無慮，廖慧嫻幾乎要讓自己相信，曉光應該只是有樣學樣做了錯事，不像凱林或正祥從小就那麼慘吧？

她送曉光回家時，爸爸還沒回來，她試探性地問道：「你以前有沒有被欺負過？」曉光低頭，沉默，緩緩地說：「小二的時候。○○哥要。我說不要，他說不管。」廖慧嫻本想繼續追問，鄰居阿嬤突然跑來串門子，曉光便不肯再說了。廖慧嫻與他約定：

「我們用寫信的，好不好？」曉光說好。

隔了幾天，她收到曉光的信⋯

「我要告訴你好嗎？第一件以前小二的時候　宿住晚上老師不知道　我的房間我在睡○○哥　來我的房間睡覺　○○說想要吻我　我說什麼意思吻　哦我知道　算了我才不要吻　所以○○哥

不管　以後來吻過了……」

這封信，曉光一連寫了七件被侵犯的經過，侵犯他的，是七位不同的學長或同學，而且在他小二那年就發生了。他還說，他親眼目睹校車上發生性侵，急忙跑去找隨車老師求救，老師卻要他「回去坐好，不要管」。

聽聞這樣的傷心事，真是生命中無法承受的重量。「我覺得最挫折的是，每件案子都那麼慘絕人寰，可是學校一直覺得人本大驚小怪。ㄟ，到底是誰認知失調啊？」廖慧嫻輕輕咬住嘴唇，罕見地動氣。

眼見學校案件量不斷攀升，剛復職的黃俐雅自動請纓到該校進行兩場性教育演講，校方在陳節立委的強烈建議下也同意了。她在演講中一再強調，性是很自然的事，自慰也是，這些都是生理基本需求，不需要覺得羞恥或丟臉，但一定要尊重自己及別人隱私，絕不能為了滿足自己而傷害別人，當然，更不能傷害自己。

該校學生們的提問異常熱烈，是一般演講場合罕見的熱絡，而且從提問內容可以看得出來，全都是他們切身的苦惱，像是：「月經來怎麼辦？」「有人抱我，我不喜歡，怎麼辦？」

「昨天有人又摸我胸部了，怎麼辦？」「如果被欺負了，是不是就很髒？」「如果被性侵，會不

會懷孕？」「萬一跟老師講了，老師不理我，怎麼辦？」「結婚以後，要不要告訴先生被性侵的

事？」

學生缺乏基本性知識，黃俐雅不太意外，反倒是老師的反應讓她異常吃驚。有個小女生問

她：「萬一以後我先生有『小三』，怎麼辦？離婚以後日子要怎麼過？」黃俐雅還沒來得及回

答，老師立刻出面制止：「你是連續劇看太多了嗎？這種事，不可能會發生在你身上啦！」

想起這段往事，黃俐雅忍不住搖頭歎息：「這個困擾一定擺在她心裡很久了，好不容易有機

會問，老師為什麼要阻止呢？後來我才慢慢體會到，老師可能根本不相信這些學生跟一般生一

樣，也有性、愛情、婚姻的問題，才會制止他們發問，」然後，她不無感慨地說：「這是對聽障

生的不信任，更是歧視，只是老師自己恐怕都沒有意識到這點。」

黃俐雅在台上演講時，廖慧嫻不動聲色地坐在台下，觀察到不少老師都低著頭打電腦、玩手

機，一副事不關己的模樣。難道他們平常上課就是如此嗎？她簡直不敢多想，想太多會瘋掉。

那天曉光也在，他舉手問道：「被人家摸了，怎麼辦？」黃俐雅正色告訴他：「一定要去跟老

師說。」

講座一結束，曉光立刻跑去跟某組長說：「前幾天○○○對我不禮貌，摸我的下面！」某

組長一臉不耐煩地說：「好了好了，你不要再說了，我已經有在處理了，你不要因為沒看到我處

罰，就以為我沒處理。這件事老師已經問過他了，也處罰過了，如果你要看的話，我可以再把他叫過來，問一次給你看啊！」於是，曉光就這樣被「打發」走了。

「這根本就是忽略曉光的求救嘛！」廖慧嫻不禁提高了聲調，「而且組長是直接用嘴巴說的，根本沒用手語，我就站在他旁邊呀，他也不避諱！……這些小孩是聽障，又不是智力有問題！或許他們不是很清楚什麼是道德界線，但是對自己身體的意識，對身體的感覺很清楚。我真的不明白，這些輕易可以做到的事，老師們為什麼不做？」

廖慧嫻固然對學校、對部分老師有所不滿，但對於是否要公開真相，卻仍有疑慮。

「那時我一直在思考，除了開記者會，有沒有其他辦法可以解決？一定要透過訴諸輿論這麼激烈的手段，才有可能改變嗎？開記者會，一定會有人受傷，一定會引起反彈，到時候孩子會處於什麼樣的狀態？」她反覆想了又想，始終無解。

本來，她對學校是存有盼望的，她覺得孩子那麼需要幫助，再怎麼樣，老師總不至於袖手旁觀。直到記者會那天，她看到前來「踢館」的老師只站在保護自己（工作）的立場發言，完全無視於學生安危，她痛苦到只能蹲在會場一角暗自飲泣。

「我覺得這些老師怎麼一點良知都沒有？真的好難以理解。有時跟他們個別地談，我也不明白，他們怎麼會這麼殘忍？這些事情是每天都在發生的啊！」向來笑臉迎人的她啜泣起來，全身劇烈抖動。

如今回想，她認為記者會還是有正面意義的，至少，校方對性平事件敏感多了，外界也比較了解學生的處境了。爾後立法院也陸續通過《性平法修正案》《教育人員任用條例修正案》，只要是未依法通報案件或隱匿證據的教職人員，均將予以解聘或免職（註1），或許這也算是人本長年推動相關修法的小勝利吧。

「媒體剛報出有一二八件的時候，我爸說，這新聞真是越報越誇張，一二八件？怎麼可能啦！還可以吵這麼多天！」這時廖慧嫻又恢復一貫開朗的模樣：「我跟我爸說，那份資料分析是我做的耶，我爸瞪大眼睛，說，真的喔？」

記者會後，在模模糊糊的氣氛裡，廖慧嫻彷彿嗅到不妙的氣味。家長很敏感，就像大草原上的鹿，只要一有風吹草動，就跑掉了。現在，人本有如「法定傳染病」，學生如果想繼續待在學校，最好跟人本保持距離，以策安全。她已經預見很難再見到某些孩子了。

例如安平（化名），他長年背負著孤獨的盔甲，且盔甲一年長得比一年更堅硬牢固，別人進不去，他也出不來。

這位師長眼中最值得驕傲的模範生，在案件中多半扮演行為人的角色，不僅涉案數量頗為驚人，而且不管老師怎麼問，他就是堅不吐實，要不就是避重就輕。廖慧嫻很想接近他，了解他的苦處，沒想到安平劈頭第一句話便問：「老師會不會知道我跟你說了什麼？如果我說了，老師會不會被處罰？」

廖慧嫻很老實，不想騙他：「我不知道。可是你現在很無助對不對？我很想幫你。」安平沒得到他要的答案，就不再說了。後來聽說安平一度痛苦到自殘時，這個熱情善良的小女孩幾乎是毫無保留地把自己的被害經歷說出來。那真是無法想像的殘酷。

明芬（化名）也是如此。廖慧嫻剛認識她時，她有種好無助好卑微的感覺。

「暑假我陪她念《面對兒童性騷擾手冊》其中一篇文章，還送一本有聲書《玫瑰花與兔子》（註2）給她，她好高興喔，說歡迎開學以後我去學校找她玩。她媽媽不識字，又不會手語，不知道怎麼跟小孩溝通，母女倆生活在同一個屋簷下，卻像各過各的。媽媽忙著打工，明芬拼命看電視。」

明芬告訴廖慧嫻，如果說出來，會讓同學及老師受到懲罰，她很不忍心；縱使她心裡有恨，可是又覺得大家從小在一起，親密有如家人，如果沒有了他們，就有種莫名悲慘的、近乎於恐懼的感覺。

起初廖慧嫻很不明白，明明是學校、老師的疏失，怎麼孩子卻老替他們著想？「後來我聽其他特教學校的輔導老師說，聽障小孩在家常覺得自己像個外人，例如看電視的時候全家都在笑，只有他們不知道有什麼好笑，這讓他們有種被孤立的感覺。」廖慧嫻認為，對孩子來說，學校就是他們的家，他們只記得老師的善意、學校的好，不管老師說了什麼，他們總是深信不疑。

然後，廖慧嫻擔憂的事終於發生了。她想去看看明芬，原先媽媽只是委婉推託，後來便以客

氣但堅定的口吻說：「老師會幫我們處理，不麻煩你們了」，刻意不讓明芬的過去在生活中留下痕跡。

明明是受害者，卻像是有把柄落入人家手上似的，動彈不得。

曉光也有點慘。他與張萍及廖慧嫻熟了以後，常往人本辦公室跑，能在那兒混多久就混多久，愛什麼時候去就什麼時候去。他與張萍及廖慧嫻察覺他有些焦躁，探問之下才得知他擔心開學住校又會被欺負。果然，開學第一天，曉光在宿舍浴室被學長騷擾，從此狀況不斷。校方以「擔心發生意外」為由，不准曉光住校，強迫他改為通勤。從此曉光每天早上四點多就得起床，搭公車轉火車再銜接校車，才趕得上第一節課，長途往返加上睡眠不足，讓他多了兩圈又黑又藍的熊貓眼，成績直直滑落，身體也變得很差。而且，他開始被少數老師視為「麻煩」，就算只是功課不懂，想問問同學，也被視為「搗亂」而遭受處罰。可是曉光說，雖然上課很無聊，又常被老師打，他還是喜歡上學，因為學校有朋友，總比一個人在家打電腦有趣多了。被打？哭一哭，揉一揉，就好了。

廖慧嫻的心都快要碎了。如果學校擔心孩子的安全，不是應該改善宿舍管理的問題嗎？怎麼反而是把小孩趕出去，拒絕讓他住校呢？

事情爆發後，教育部訓育委員會旋即組成「校園性侵害性騷擾事件專業輔導諮詢小組」，彰師大輔導與諮商學系教授陳金燕獲邀進入團隊，負責協助、參與該校諮商輔導、性別培力及事件處理。

馮喬蘭聽說陳金燕進入諮詢小組時的第一個反應是：「太好了，孩子終於有救了！」

陳金燕在輔導界資歷十分完整。她接獲邀請之後，隨即要求諮詢小組必須提高督導層級，不應只由訓委會常擔任召集人，教育部從善如流，改由教育部次長擔綱。她從校外尋覓人才組成一支專業團隊，並找來手語翻譯，進入學校展開諮商工作。

只是輔導諮詢小組想大刀闊斧有所改革，卻處處碰壁：他們要求校方提供安全地圖，校方研擬了半天卻拿不出像樣成果；他們向行政單位調閱資料，單位主管卻說：「輔諮小組沒有指揮權，如果校長批示同意的話，我才可以給。」幾個月下來，小組不斷與學校主管開會、開會、開會，聽取一堆既沒具體進度、也無實質做法的報告，他們不滿、氣憤，卻完全無技可施。這時中辦接管學校已經快四個月了，原先的代理校長做不到三個月就請長期病假，中辦竟違背代理順

序，逕自指派實習輔導處主任代理校長，無異是「球員兼裁判」。這樣的人事布局，真的能促成學校改革嗎？

就在眾人早已淡忘此事之際，只有人本緊追不捨。二○一二年一月十一日，史英到台北地方法院地檢署按鈴申告，控告教育部長吳清基及中辦主任藍順德違反刑法第130條「廢弛職務釀成災害罪」——公務員對某種災害具有預防或遏止的職務，卻廢弛其職務不加預防而釀成災害。他們希望藉此再度喚起民眾的注意，也喚醒官員的良知。

教育部不改一貫作風，只是再三強調他們做了哪些努力，表示「針對專業輔導諮詢小組委員意見，本部一律採納，並由學校各負責單位直接與委員面對面晤談改善情形，本部並由中辦成立專責行政督導小組，將委員建議事項逐項列管改善情形，非如人本基金會稱學校行政干擾情事。」然而事隔一個月，這個輔諮小組就莫名其妙被打入冷宮，再也沒開過會了。(註3)

官僚體系有如一道萬刃高牆，這道牆比我們想像的高多了，不管是要繞道而行，或是想打破闖進去，都沒那麼簡單。一切的管道與契機，都被堵得死死的。

看來，又只有訴諸法律一途了。

1 二○一一年五月十九日，立法院通過《性別平等教育法修正案》，若是違反通報規定，致再度發生校園性侵害事件；或偽造、變造、湮滅或隱匿他人所犯校園性侵事件之證據者，應依法予以解聘或免職；隔年十一月十五日通過《教育人員任用條例修正案》，只要涉性侵罪遭判刑確定者，終身不得再任教育人員，已任用者也應予解聘或免職。明知校內發生疑似性侵害事件，卻未依法通報、致再度發生者，或隱匿相關證據，也予解聘或免職，不得再任教育人員。

2 人本與森林小學出版的一部有聲書，大致內容是：玫瑰花和兔子是好朋友，玫瑰花好想跟兔子一樣想跑就跑、想跳就跳，可是她的根長在土裡，動也動不了。兔子安慰玫瑰花，還和玫瑰花一起祈禱……這麼一來玫瑰花就可以「動」了嗎？會動的玫瑰花會不會遇到什麼危險？作者主要想透過這個故事，讓孩子體會「痛覺」是動物的自我保護機制，也是人類必要的機能。

3 見「從性別與諮商輔導的觀點談特教學校中的性平事件──以南部某所特教學校為例」，陳金燕，《教育部性平教育季刊》第六十二期，二○一三年三月三十日。陳教授在該文註釋2中，言簡意賅地說明該小組無疾而終始末。二○一二年九月十三日，教育部透過電子郵件聯繫小組成員，表示部長將致贈感謝牌，換言之，諮詢小組實際運作時間為二○一一年九月二十六日至二○一二年二月二十二日，最後在不明原因下停擺七個月，直至二○一二年九月二十日以感謝牌為輔諮小組畫上句點，宣告解散，沒有任何結案報告，也沒有與任何團隊交接。據了解，該小組成員均拒絕領取感謝牌。

III 人性的試煉

潘朵拉的盒子

1

「如果我一直保持沉默，假裝什麼事都沒發生，是不是一切就會不同？」

三年來，這個問題像個反覆掙扎的問號，不斷在D老師心底重複出現。有時他甚至懷疑，自己堅持的理由是什麼？

有不少人勸他，這些學生就是這樣啊，就算你把案子都查清楚了，又怎麼樣？他們是不可能改的啦。當然，也有不少人冷言冷語地批評他「沽名釣譽」「搶著當英雄」「想把學校搞垮」。

他從不覺得自己特別熱情，或是特別有正義感。對他來說，調查性侵案是他的職責，他有義務、也有責任完成這項工作，如此而已。但他怎麼樣也沒有料到，向來謹守本分的自己有一天會成為全校公敵。

●

●

●

D老師在這所特教學校服務很多年了。「以前在特教學校教書，別人不會覺得你特別有愛心，只覺得你沒什麼本事，才會『淪落』到去教『那種學生』……」看我一臉驚訝，D老師再度強調：「真的啊，以前每次回老家，親戚鄰居都看不起我，家裡也覺得很沒面子。」

剛進學校教書時，他沒什麼好抱怨的。而且與孩子相處久了，他的心態逐漸從只想單純教書，變得很想進一步了解他們，原來主修「智能異常」的他開始勤學手語，文法手語與自然手語都很嫻熟，經常找機會與學生聊天，慢慢踏入那個沒有聲音的、細膩而幽微的世界。

「聽障生非常依賴肢體動作及視覺來溝通，經常會用拍打、碰觸對方來引起注意。他們也很敏感，很懂得從對方的表情中，覺察沒說出口的意思。」D老師這麼告訴我。

住宿型學校的學生每天一起上課吃飯睡覺，情感異常緊密，與學校以外的世界接觸有限，生活圈相對封閉，若是老師不教、家長不提的事，他們幾乎無從得知。而且，學校教的書寫文法與一般寫作語法不同，就算看電視、看報紙、上網站，他們也不見得能夠理解，自然與外界隔閡越來越深。「我承認他們是跟一般生不太一樣，不過這個『不一樣』，不是聽障的關係，而是環境造成的。」D老師語重心長地表示。

二○一○年十二月，身為性別平等教育委員會代表的D老師被告知要調查性侵案，那時他想……十來歲的孩子懵懵懂懂的，哪懂什麼是「性」啊？想的是絨毛玩具或電動玩具，還差不多。

沒想到，情況完全超出他的想像。

原先他們手上只有七、八件案子，而且多半是「處理過」的案子，是人本指出調查程序不符《性平法》規定，學校才重啟調查。起初學生們的防衛心都很強，經常顧左右而言他。調查老師費了很多力氣說之以理、動之以情，才終於有學生敞開心房，說出隱忍已久的痛苦與悲傷。

那真是樁殘忍的任務，他們必須深入了解案發時的每一個過程、每一個細節。當學生娓娓訴說事發狀況時，D老師常覺得身體是顫抖的，胃不停地翻攪，很想吐。怎麼可能？這些都是他一路看著長大的學生，怎麼可能欺負（或被欺負）了那麼久？他們為什麼都不說？

他們約談一位受害女學生，行為人已經坦白犯行，女學生卻抵死不認，不斷推說沒有，不知道，忘記了。調查小組揣測她不是難為情，就是出於害怕，決定換個方式問她：「你是不是怕說出來了以後，有人會被捉起來？」女學生臉上蒙上一層陰影，未置一詞。

「我知道你很害怕，可是如果你不說出來，其他同學會繼續被欺負啊。你不希望他們跟你一樣受苦，對不對？」女學生低著頭，不安地在椅子上來回滑動。

「你是不是怕說出來了，爺爺會很傷心，所以不想說？」女學生是爺爺帶大的，祖孫倆感情很好。

女學生頓時崩潰，泣不成聲。她終於說出口了，而且一說，就是橫越數年的受害歷史。她說，每次男同學欺負她，她都會大叫，可是沒有人聽到。她要對方不要這麼做，對方卻說偏要。

她覺得好痛苦，好想報復他們，同樣受害的好友安慰她說：「不要難過，只要等到我們熬到畢業以後，就不會被欺負了……」

負責翻譯的手語老師臉色發白發僵，再也比不下去了。另一位調查老師嚶嚶啜泣起來。

D老師拼命地嚥口水，決心不要哭出來。女學生抬起頭來看著他，他發現十四歲的她看起來怎麼那麼老，既老又疲倦。他的心好痛，沒辦法再問下去了，他真的不能。

「先暫停一下吧。」他咬緊牙根，低著頭，勉強讓自己的聲音不帶任何情緒。

現場所有人哭成一團。他急急走出教室，才剛闔上門，不聽話的眼淚便滾下臉龐。

2

南台灣豔陽高照的「秋老虎」過去了，接下來幾個月，整個城市將籠罩在冬天的灰暗中。

D老師把辦公椅轉向窗戶，視線望著灰濛濛的天空。然後他閉上眼睛，希望永遠都不用張開，因為一旦睜開眼，周圍有太多事情他無法理解，他感到痛苦而困惑。

這段調查的日子很漫長，充滿了焦慮。每一樁案子，他都必須聆聽行為人、受害人、證人等

多方說法，同樣的情節得反覆聽上好幾次，就算沒有親眼目睹，光是用想像的，就讓他夜夜難以成眠。

聽障生不太懂得使用具體詞彙表達意思，訴說的內容零碎而不完整，不過僅憑這些片段說法，就足以追查出一連串案外案。例如本來調查小組只知道A欺負過B，進一步追查才發現，C、D、E也欺負過B；原以為只有B被欺負，沒想到詢問C時，C卻老實坦承還欺負過F、G、H……

所有案子牽牽扯扯，纏纏繞繞，案件數不斷往上竄升，小學部某班學生幾乎無一倖免。這個結果不只駭人，更讓校方無法接受。

「因為案件數一直往上飆，主管跟我說，你們不要太認真，查案查過頭了，」說到這裡，D老師忍不住苦笑，「那時我沒聽懂，想說什麼叫『查過頭』？找我調查，不就是要查個水落石出嗎？」

但就算他再怎麼「天真」，也不可能沒有察覺其中詭異。這些事從二〇〇四年就開始發生了，地點從教室、廁所、宿舍、浴室、校車到老師家都有，怎麼可能沒人知道？孩子很單純，不會說謊，存在的事實擺在眼前，由不得他不信：少數知情人士企圖大事化小，小事化無，東窗事發後又意圖掩蓋證據，一手遮天。

日後監察院的調查報告，眼睜睜的鐵證如山：

「該校在九十八年以前未成立調查小組，比較積極處理案件……但九十八年度輔導組長○○○於該校『九十八及九十九學年度校園性侵害及性騷擾案件一覽表』中『是否有組調查小組』一欄卻填寫『是』，填具不實資料，意圖掩蓋事實，自九十九年後始因外界關注而成立調查小組，比較積極處理案件……但九十八年度輔導組長○○○於該校『九十八及九十九學年度校園性侵害及性騷擾案件一覽表』中『是否有組調查小組』一欄卻填寫『是』，填具不實資料，意圖掩蓋事實。」

「九十九年十一月二十日有學生在○○○家脫褲搓生殖器，○○○未依規定通報處理，復於該校校園學生事務與輔導事件處理情形回報表自行填載：帶隊老師有查房，已盡到照顧責任等語，且於知悉案件後自行回報主管單位本案處理情形，意圖掩蓋事實。」

「九十八年十月十四日工作日誌上記載女學生以美工刀割手腕自殺，生輔員嚴詞指責其不該自傷，該日誌有六位住宿生管理員簽名及生教組長○○○、訓導主任○○○、前校長○○○等人之核章，卻無人深入探查原因。直到一○○年間調查小組訪談時始發現，該生曾在校車上被男學生集體或單獨性侵多次，雖有學生曾向隨車生輔員○○○報告，○○○卻未處理。○○○稱：其曾告訴生輔員○○○，○○○稱此為小事，不必寫在記錄簿上等語。」（註1）

一切變得清清楚楚：答案老早就躺在那兒了，只是大家不敢、也不願相信。

D老師想起有學生問他：「如果全部說出來的話，真的就能得救嗎？會不會害到老師？」說時雙手握得緊緊的，不停地發抖。

時間他明白了。主管說他「太認真」，不是關心他，那是種細膩的暗示、幽微的警告。

還要查下去嗎？

他心裡當然很擔心，也很害怕。如果再繼續查下去，一定會面臨排山倒海而來的壓力，過去沒有人明白學生過的是什麼樣的日子，也沒有人伸出手，解救他們的痛苦，現在既然他已知情，又怎麼能見死不救？

眼前有兩個選擇：假裝視而不見，或是讓自己過得心安理得。他選擇了後者。

潘朵拉的盒子一旦被打開，就再也闔不上了。

3

外界一直很難理解，學校發生那麼嚴重的案件，涉案學生又那麼多，為何老師卻不為所動，放任不管？

我問過Ｄ老師這個問題，他說：「大部分老師只負責教書，生活上的事，或宿舍發生什麼，生輔員不說的話，我們不會知道。」他想了一下，再度肯定答道：「對，真的是這個樣子。」他相信多數老師是被矇在鼓裡。

要說所有教職員都放任不管，也不盡公允。就我所知，曾有生輔員發現正祥與曉光發生關係，隔天便向老師報告了，校方在確認是性平案後也按照規定通報，但卻對調查過程中意外發現的案外案僅以口頭訓誡了事。為什麼發生同樣的事，學校卻有不同做法？難道沒被當場逮到，就不算數？

「小孩偶而會打打鬧鬧，不必太認真。」這是許多老師的說法。

「我覺得他們住宿是在玩鬧，那些孩子可能對我們認為嚴重的事情覺得是好玩，就算很嚴重也不會說出來。」（某老師）

「上學期○○和◎◎曾經跟我說過，晚上睡覺時床會搖，我就去問◇◇◇生輔員，◇老師說有時候學生上下床鋪或翻身都會造成床的搖動……那時候也沒想太多，只以為是翻身或上下床。」（某老師）(註2)

對於這樣的說法，張萍非常不以為然：「就是老師的警覺性不夠，小孩一直搞不清楚。

案子查出來以後，小孩經常問我，為什麼不可以對人家『那樣』？以前別人對我『那樣』，老師也沒有怎麼樣啊，就算跟老師說了，也沒有人被處罰啊。為什麼現在我卻要被罰？」

無論是出於無知或好玩，被侵犯的孩子經常不了解自己擁有隱私，也不知尊重他人隱私，因此很多時候會轉成「反應性」加害人（註3）。如果成人忽略了這點，總抱持著「沒什麼大不了」的態度，往往

心理的專家指出，被騷擾或性侵，受到的傷害同樣巨大。專門研究受虐及被性侵兒童

會錯過介入及治療的黃金時機。

張萍苦勸學校留意，某主管冷冷回她：「孩子長大了就會有需求，我們能怎麼辦？只要是人，都會發生這種事！」她去參加性平研討會，某教授公開指出：「這些小孩感覺跟我們不一樣，你們以為他們很痛苦，其實未必，因為他們跟一般小孩不同，需求也不一樣，不一定很痛苦。」甚至有老師當面告訴她：「這些小孩本來就有病！」

這樣的說詞實在是太簡單、又太堅決了，常讓張萍懷疑自己是不是聽錯了。聽障生的（性）需求，果真與一般學生截然不同嗎？難道除了聽障，他們還有其他障礙？

陳金燕教授提出截然不同的見解：

「每當在『特殊教育學校』之內或『特教生』之間發生性平事件時，總難免聽到類似以下的

說法：『特教生和別人（一般人）的感知不大一樣』、『他們（不懂那些或沒有那樣的意圖）只是在玩而已，沒有那麼嚴重』……等。乍聽之下，似有道理，但是細究之後，可輕易地發現這些說法背後明顯的迷思與偏頗。因為，前述說法，隱含著一個錯誤的前提：所有的特教生都有感知方面的障礙，所以無法正確地感知、理解、判斷……特教生雖有特定的感官障礙，但並非所有感官都有障礙……因此，視所有特教生均為智能障礙者，甚而看輕、歧視他們的潛能與表現，實乃彰顯著迷思者本身的寡聞與無知。」（註4）

嘉義大學特教系林玉霞教授、新竹教育大學薛明理教授也都曾指出，聽障生因接收訊息不易，造成與外界溝通及學習的障礙，常被誤認為是「認知缺陷」；也就是說，他們不是「認知」有問題，而是「學習語文」與一般生有差異而導致的結果。（註5）

如果聽障生沒有認知問題，為何老師仍認為他們「異於常人」？有兩種可能：一、學校沒有提供（足夠且正確的）性教育，導致他們產生錯誤行為；二、學校已提供（足夠且正確的）性教育，仍無法導正他們的錯誤。按照該校說法，他們已努力宣導反性騷擾／性侵觀念，也盡量將性別平等相關知識融入課程，孩子依然故我，他們也無可奈何。

如果學校已提供足夠且正確的性教育，卻無法遏止事件發生，會不會是教學方法出了問題？據我了解，該校老師精通手語者不多，在教學或溝通上狀況頻傳，早已不是新聞，過去婉柔

的不幸就是最好例證。何況，不諱（自然）手語要如何傳授性知識？聽障生又能了解課程內容多

少？這裡頭有太多、太多的問號了。高師大楊佳羚教授說：

「只有當老師檢視自己原先對特教生的成見，反省既有性別教育的不足，才能設計出符合特教生需求、讓特教生賦權增能的性／別教育；也只有當學生發現自己表達的話被大人認真看待時，她／他們才能長出自尊自信，也能在重要時刻清楚表達自己意願。這樣的性教育也回過頭來，讓原本的性騷擾防治教育更加有力與有效……因為，當學生有能力說『要』，可以為自己決定時，她／他們才有能力拒絕被侵犯或受壓迫的情境。如果大人們很少傾聽她／他們的聲音，不把她／他們視為可以表情達意、自我決策的主體，又如何讓特教生們相信當她／他們拒絕性騷擾或性侵犯時，對方會把她／他們的話當作一回事而停止侵犯的行為？」（註6）

　　或許老師的心態才是問題癥結吧，他們不想、也不願承認自己的怠惰，便把一切歸咎於學生的缺陷。如果學生表示痛苦，則先否定他們的感受，然後再說服自己：「他們的認知系統跟我們不一樣。」當老師以為聽障生與一般生擁有不同的感覺、思想及價值，就等於是將他們「去人化」，同時也貶低消除了「他們」與「我們」共有的特質，而這個「去人化」的過程，又會助長他們對聽障生的偏見與歧視。

此外，該校老師對相關法令的一知半解，也讓人難以置信。以B校長及C校長為例，他們以為「只要學校有處理，就不見得要通報」「只要家長道歉，就不用調查」，B校長甚至曾說，她在別的學校當校長時，「只要通報，其他都不用管」（註7），許多教職員在接受調查時也異口同聲地表示：「沒有人告訴過我們要通報，現在為什麼要怪我們？」

不論是《性別平等教育法》《性騷擾防治法》《兒童及少年福利與權益保障法》《身心障礙者權益保障法》《性侵害犯罪防治法》《教師法》都有相關規定，若教職員發現特教生有疑似性侵害事件，應立即向主管機關通報。身為老師對相關法令毫無所悉，難道不是失職嗎？學校不是有性平委員會，每學期至少要開一次會嗎？他們開會在做什麼？怎麼一旦出事，就推說什麼都不知道？

不過理念歸理念，現實是什麼？輔大法律系教授吳志光在〈校園性侵害及性騷擾事件防治之困境與挑戰〉一文中務實地指出，欠缺完整培訓以及人力不足，是目前各級學校老師普遍面臨的窘境：

「目前教育部及地方主管機關雖已舉辦校園性侵害或性騷擾調查人才之培訓及各種講習，但對於業務承辦人員、性平會執行祕書等校內相關行政人員的訓練可能仍有待加強。且依據筆者的經驗，縱使是受過專業培訓者，亦不代表在實務上即能順利處理，上述現象均可能導致根本未依

法處理，或縱依法但程序上亦出現重大瑕疵⋯⋯」

「目前多數學校，甚或是縣市政府教育局，性別平等教育相關行政業務辦人員均僅有一人，且身兼多項業務。因此當學校發生性侵害或性騷擾申訴案件時，該名行政人員在學校階層中的層級不高，且還必須要負擔申訴案件所帶來的繁瑣業務和龐大壓力，而其身兼的其他職務也不會因為調查案件的進行而減輕或停止⋯⋯對於擔任性平會委員或校園性侵害或性騷擾調查小組委員，相較於校內其他委員會或會議，是較為辛苦、吃力不討好的職務，調查時間長，且往往付出與所得不成正比，也無法以金錢來衡量，甚至有可能還要承擔被告的風險，多少也影響參與之意願。」（註8）

吳志光從結構面點出老師的難處，家長則是從現實面為老師抱屈：

「南部特教學校家長會長林柏宏認為，學校交由教育部接管後，雖然教室和校舍空間的確有實體改革；但他發現，專業輔導諮詢小組每週到校一次，多是與學校行政人員開會，請校方簡報，很少實際走訪校園，無法了解教學現況，提出協助。他認為專業輔導諮詢小組應明確告訴老師如何改善，而非讓老師摸索，效率太差。」

「林柏宏身為學校性平委員會中的唯一家長，從沒受邀參與專業輔導諮詢小組到校所召開的會議，即便家長會想介入關心，卻無從做起。從南部特教學校性平事件爆發後，林柏宏發現，教育部人員每每到校訪視，多為督導性質而非協助，反而造成老師壓力，他提議，若教育部有心了解學生實際狀況，『歡迎教育部半夜來突擊訪視』。」(註9)

處理性侵及性騷擾案，既吃力不討好，又會惹上麻煩，難怪絕大多數老師都視之如畏途。在某場校園性侵問題研討會現場，有老師忍不住大吐苦水：

「今天本來覺得安安靜靜聽演講就好，可是我越聽越覺得滿腹委屈！不可否認的是，有些不太好的老師，可是真的不要否定全部的老師，好像一、兩個個案出來後，大家就罵老師不對！當校園發生性侵案件時，為什麼其他老師不敢通報，因為老師面對的壓力是很大的，我們都知道，孩子可以在很安全的環境之下，去治療他的心理，可是一旦曝光時，後面的資源沒有進來，只把瘡疤揭開，怎麼辦？社工沒有進來啊！我們通報了，社會給我們什麼樣的資源呢？我們是師資培訓法出來的，專業是教書。可是現在社會給我們老師太多壓力……當我們通報時，生命遭到危險，請問我們怎麼辦？」(註10)

我完全可以理解老師的焦慮。人力不足、訓練不夠、資源不夠，導致面對性侵事件手足無措，這些都是制度性、結構性的問題，不是個別老師的責任。但，究竟老師的職責是什麼？難道只限於教書？過去「傳道、授業、解惑」的師生關係，在現代社會已經不適用了嗎？

巴西教育家 Freire 曾說：「身為教育者，我們既是藝術家，也是政治家，我們從來就不是技術人員」，也就是說，老師的任務不只在於傳遞知識技術，更重要的是培養學生基本生存能力及公民素養；正因為老師不只是「職業」，更是種「身分」，擁有這個身分的人理應具有更高尚的信念與道德勇氣，然而幾何時，有越來越多老師不再作如是想，他們以為自己的職責就是教書，也只有教書，其他一概與他們無關。張萍對此感受尤其深刻，她說每次處理學校性侵案時，很多老師的反應都是：「我只負責教書，為什麼還要通報？」「又不是我性侵學生，關我什麼事？」

「你以為那些老師遲早會良心發現？覺得自己有虧職守？」張萍搖搖頭，露出一副「別傻了」的表情：「他們根本沒想那麼多，他們只是在上班賺錢而已。」

我很難想像，如果有學生告訴老師自己被侵害，老師可以理直氣壯地說：「我只負責教書，不懂法律，也不會調查，而且通報的話我壓力會很大，會有生命危險，所以不關我的事」？

除非是鐵石心腸。

很多人告訴我，人本基金會向來對老師有很深的成見，這次是剛好逮到學校小辮子，才會緊咬不放。他們根本就是故意找碴！

新聞剛見報時，還有大學教授投書媒體，認為整起事件是人本「大驚小怪」：

「特教生因為從小生活在一起，打打鬧鬧，互相追逐，互抓生殖器為樂，不以為意。老師們雖然經常勸戒，他們卻認為是開玩笑，何須大驚小怪？等到不舒服的感覺出現，有家長向政府舉發而獲得『國賠』後，原本在他們眼中沒什麼的小事，頓時變成一樁樁的猥褻案、騷擾案，學校頓時變成『性煉獄』！」(註11)

真的是「本來無一事，人本惹塵埃」嗎？

我跟張萍他們談過很多次，倒不覺得人本對該校有什麼成見。當然，婉柔的事是張萍心底最深的痛，而A導師與B校長等人顛倒是非、又死不認錯，更是雙方互信基礎趨近於零的關鍵。但外界未必知悉的是，該校曾有過惡行重大的「狼師」，而且，不只一例。

那是二〇〇九年初的事了，一位教授金工的老師多次猥褻學生，被學生拍下照片，罪證確鑿，學校亦建議應予以解聘。沒想到擁有人事大權的教評會竟違反常理，兩次做出「不解聘」的決定，直到有人向人本爆料，才讓該名老師的劣跡敗行公諸於世。

為什麼教評會有這麼大的權力，竟然可以推翻性平會的建議？原來，過去《教師法》並沒有「性侵教師必須被解聘」的條文，而是由教評會自行決定。二〇〇九年春天，人本與立委共同召開公聽會，希望透過修法制裁狼師，並邀請三位涉及相關案件的學校校長出席交換意見。那天B校長也來了，他在公聽會上不斷替「狼師」求情說：

「剛剛說如果有性侵就一律解聘……我們也有一直請教中部辦公室的長官，長官是認為說，社會輿論對老師的操守是採取高標準，所以只要是查證屬實，不管是性騷擾、性猥褻、性侵害一律都是解聘，這樣的情況，所以我們學校才會大家一直在受很大的一個煎熬，性騷擾也是。

再來，就是說，既然解聘，能不能給他們一點點的生存的空間，給他們輔導就業，這是我的一個感受啦，因為我們學校這個案子上有高堂老母，全家都靠他，這樣的情況我覺得真是大家可以討論一下，因為這樣的情況之下既然已經和解，造成家裡頓失經濟的一個依靠，不知道怎麼辦？」

（註12）

原來B校長真正在意的，是同事的飯碗！

「後來是我們揚言要去學校拉布條抗議，學校才解聘了那個老師耶！」事隔多年，張萍想來仍是氣憤難平。（註13）

人本製作過一份「B校長嘉言錄」，裡面記錄了B校長為「維護校譽」而掰出的各種說詞。

我原以為這份嘉言錄已是自圓其說的最高境界了，沒想到，還有更「精采」的。我問張萍：「你聽過最可笑的官方說法是什麼？」她不假思索地說：

「喔，很多耶……有老師嘴對嘴餵女生吃糖，校長替老師緩頰說：『被親的女生都是眼睛大、很漂亮的女生，老師只是沾一下嘴唇而已』；有老師硬脫女學生內衣，教師會會長卻質疑：『這事是否達到行為不檢有損師道，界線還很模糊』；有侵犯學生的狼師沒被停職，只是考績丙等，理由是『對學生有不禮貌行為』……還有很多更離譜的，你想寫的話，可以寫很多啦！」

調查報告剛出爐時，張萍的直覺告訴自己，問題肯定沒那麼簡單。性侵不像颱風、地震這類的災難，突如其來，來了就走，而是一天天逐漸明顯、不斷加重的威脅，她高度懷疑這些孩子長年受害，而且都是先「受害」才轉為「加害」。不過打探這樣難以啟齒、又不光采的事很不容易，而且，要向誰打聽呢？

她與黃俐雅四處探問，像個偵探似的隨時搜尋蛛絲馬跡。聽障圈子很小，人本義務協助特教生的消息逐漸傳開，幾位畢業多年的校友表示願意私下聊聊。

老校友說，三十多年前有位美術老師常找同學去他家，名義是「課後輔導」，其實是要求學生提供「性服務」，一次代價是兩百元。還有女老師專挑俊美的男同學「下手」，大家心知肚明，卻心照不宣。

怎麼會有這種事？竟有老師把特教生當「性工具」，還可以安安穩穩做到退休？

「你們怎麼知道？」黃俐雅問道。

「同學之間都會說啊。」（這時有位校友插「嘴」提到，那位美術老師曾硬脫他同學長褲，被同學逃掉了。）

「你們有沒有跟其他老師說？」

「沒有。」

「為什麼？」

「怕被老師罵。」

「為什麼會覺得會被罵？」

「平常就常被老師罵啊，而且就算說了，老師也不會相信。」

就算說了，老師也不會相信。這是所有學生的共同反應，三十年來不曾改變。

老校友還說，學長欺負學弟妹的事，以前就經常發生了，他們都知道，可是沒人敢反抗。學長是學校的「老大」，沒有人敢不聽，聽障生與外界溝通很不容易，如果又被學長排擠的話，就

很難再交到朋友了。

那麼悲傷的事，就這麼烙進幾代畢業生的青春記憶，也永遠改變了他們對待與理解學校的看法。談著談著，老校友們的話匣子打開了，透過手語七嘴八舌地討論起來，讓手語翻譯幾乎來不及解釋。但就算看不懂手語，光憑他們激烈的肢體動作及臉部表情，仍能感覺到一股深沉的憤怒與哀傷。

事後張萍及黃俐雅才得知，那天在場有對聽障夫妻，當年太太就是被先生性侵，校方怕事情鬧大，才極力說服雙方父母讓兩人結婚。

悲憤的情緒擴大著、蔓延著。黃俐雅腦中冒出婉柔國賠協調會時，B校長脫口而出的一句話：「你們不知道以前發生這種事，都是這麼處理的嗎？」

她這才恍然大悟，原來擅長自圓其說的B校長，那天並沒有說謊。

1 引自《國立○○○○學校性別平等教育委員會第1000314號案調查小組調查結果報告書》P.43、P.54

2 引自監察院一○一年劾字第13號彈劾案文，二○一二年七月十六日。原文並未隱匿涉案人名，○○○是作者自行處理的結果。

3 《性侵害兒童的處遇策略》，Cheryl.L.&Traci L.Butler著，王文秀等譯，心理出版社，二○○九。

4 〈從性別與諮商輔導的觀點談特教學校中的性平事件——以南部某所特教學校為例〉，陳金燕，《教育部性平教育季刊第六十二期》，P.49，二○一三年三月三○日

5 〈聽覺障礙者之教育〉，林玉霞，《融合教育論文集》，PP.59-90，二○○一；〈對話日誌於

啟聰教育之應用〉，薛明里，《竹師特教簡訊》，PP.1-5，二○○三

6 〈向身心障礙者學習的性／別教育〉，楊佳羚，《教育部性平教育季刊第六期》，P.11，二○一三年五月

7 當天B校長說法如下：「因為我也在高雄縣當過校長，當時學校發生這樣的事情的時候，我們高雄縣是叫我校長只要通報就好，其餘的調查就請我校長說不要介入了，他們會去把案情處理得很清楚，所以我以後所有的情節我都不知道，所以我覺得這也是一個好處。」見立法院

8 「檢討校園性侵害不適任教師處理機制公聽會」發言記錄，二○○九年四月二十日
〈校園性侵害及性騷擾事件防治之困境與挑戰〉，吳志光，《性別平等教育專業發展研討會／實務工作坊／大專院校（五）》，PP.46~47，二○○七

9 〈性侵案處理沒效率 人本告教部〉，張舒涵，《立報》，二○一二年一月十一日。又，文中「林柏宏」應為「林柏鴻」之誤。

10 〈正視校園性侵害——南北座談會〉，《人本教育札記》250期，P.25，二○一○年四月號

11 〈隨波逐流的品德教育〉，黃光國，聯合報，二○一一年九月二十九日

12 「檢討校園性侵害不適任教師處理機制公聽會」發言記錄，二○○九年四月二十日

13 立法院直至二○○九年十一月五日才三讀通過《教師法》第14條修正案，明定「教師涉及性侵行為，應先停聘靜候調查，若經學校性別平等教育委員會查證屬實即予解聘。停聘接受調查期間，不得支領半薪。」

旁觀者的痛苦

1

時序進入冬天了，校園裡瀰漫著一股不尋常的寂靜與冷冽。

外界以為學校捅出這麼大的摟子，撤換C校長是理所當然。但校內老師很替C校長抱屈，他們認為C校長接任以來做了很多事，像是進行個案輔導、召開男住宿生會議宣導反霸凌及反性侵害、寢室衣櫃改成可以上鎖、加強寢室房間巡視、校園各處也都加裝監視器……他已經那麼努力了，為什麼還要把他換掉？

不只老師支持，家長也力挺。該校家長會長去函人本基金會，表達對C校長的肯定：

「本會全體家長一致肯定○○○校長，兩年任內辦學之精神與付出特教之態度，全體家長及學生有目共睹，至今仍十分懷念校長辦學之堅持，於九月十六日起一週內一九六位家長連署、十

月二十五日一○二位本校教職員工連署、十一月八日一○○學年家長委員會改選後全體常務委員連署，以上均是具名連署力挺；惜社會未能了解實情，有所誤解，錯判用心付出之教育人員，謹此說明。」

家長們確實對C校長沒什麼惡感，我聽過最嚴厲的批評只是「沒什麼肩膀」，如此而已。有家長提到C校長時，甚至語帶不捨地說：「他很認真，很有心想做啦，碰到這種事，只能說他很倒楣。」

「C校長做了什麼，讓你有這種感覺？」我問。

「他裝了很多監視器啊……而且出事以後，也有寫信關心我們！」

那是封寫給所有家長的公開信，內容說得委婉含蓄，顯然是針對一連串性平事件而來……

「這兩年來經由學校持續推動性平教育的過程，孩子性平意識提升了，能正確了解行為的對與錯，並且願意也有勇氣說出過去的偏差事件。學校知悉後，除必須依規定通報外，更必須依調查結果，積極實施教育輔導措施，希望盡速導正孩子偏差觀念……在這個時候，孩子需要的是：家長和學校一起合作……學校也要持續加強各項性別平等相關教育規劃……若調查結果有具體事實證明，學校成員有疏失犯錯，則送相關考核會議議處，絕不袒護。」

學生性別意識是否有所提升？是否已正確了解行為的對與錯？我不敢確定，唯一可確定的是，C校長的信寫得真摯感人，讓家長對他的用心深信不移……至少，他總比B校長認真吧。

但，C校長若是這麼有心、這麼努力，為何事件還是持續發生不曾中斷？難道真是如他說的：

「如果再多給我一點時間，就可以看到成果了」嗎？

如果C校長沒被撤換的話，性侵及性騷擾事件是否就會減少？至少根據人本統計，兩年來每學期案件量十分平均，並未因加裝監視器或換校長而下降。但若是C校長真以為加裝監視器、身心障礙廁所上鎖、在宿舍門口掛鈴鐺（這些都是他引以為傲的做法）就能終結事件層出不窮的現象，不是無知，就是無能了。

已有多位學者專家都說過，也說得很清楚，該校危機不在硬體設備不足或監督不周，而是教育方法及心態出了差錯：課程缺乏性別平等教育，老師缺乏危機意識，出事後亦不曾從教育觀點輔導孩子，一再陷入「揪出壞人→懲罰→道歉」的僵化模式。孩子就算被記過、被退宿、被迫轉學、吃上官司、甚至判刑坐牢，卻對自己做錯了什麼一知半解，懵懵懂懂。這究竟是誰的責任呢？

學校裡不是沒有關心的好老師，只是他們也力有未逮。

「我如果第一次有堅持○○○退宿，這件事就不會再發生，這一次我要堅持，如果○生不

走就由△△離開⋯⋯其他的孩子也可能受害。我雖然關心學生，一直在想解決辦法，可是事情還是一直在發生。（哽咽落淚）」﹝註1﹞

事實上，我認識的家長幾乎是口徑一致地說：「大部分老師都很認真，也很用心啦，可惜的是，只要有一顆老鼠屎，就會毀了一鍋粥。」

問題是，誰（願意承認自己）是那顆老鼠屎呢？

• • •

媒體輿論熱氣騰騰的討論一波接一波，尤其記者使用的字眼既尖銳又駭人，「老師縱容包庇」「學校師師相護」，形容老師是「魔鬼」，說學校是「煉獄」。老師覺得很心酸，也很委屈，他們一下子變成「可惡的老師」了，只是這樣的苦水，有誰要聽？

「我覺得很委屈，整個學校的氣氛讓我很委屈。從國一開始就把這些事告知訓導處。為了孩子的事被家長羞辱，我們能接受，學校應該要挺我們⋯⋯學校應該出面，聯絡簿寫那麼多，家長也沒一句道歉，訓導處只是把學生叫去，我沒有壓力，但有委屈。孩子和家長不懂，我們要教

育，但學校和導師的立場要一致，不要讓我覺得一個人在孤軍奮戰。只要想把事情做好的人都會有壓力。」（註2）

老師們心裡這些無人能說、也無處可說的壓抑和暗流，逐漸醞釀成強烈的反彈情緒，導致日後監察院約談教職員時，他們竟串連起來拒絕赴約。這下子校方可慌了，趕緊發布公告：

「監察院之約詢等同辦案，乃執行彈劾或糾舉（正）之公權力行使」「同仁或基於情緒反應或對法令認知不識，此乃不智之舉，否則悔之莫及」「基於為顧及同仁免受法律制裁，爰通報提醒再三，希勿自誤」。

教職員的抵制不只如此。《新新聞》有篇深入報導，透露了不少內幕：

「據了解，在學校性平委員組成調查小組之際，時任行政專員的○○○即對調查採取不配合態度，架設錄影器材、傳帶學生至訪談現場等職責事務經常藉故推辭，且自行修改其訪談記錄；導師○○○也因態度不佳，遭校外調查人員斥責『再不配合我就請教育部處理』，才接受調查訪談。種種掣肘皆讓有心調查案件的調查小組成員備感壓力。

「校園也開始傳出耳語，包括譏諷調查人員藉由案件『名利雙收』、向媒體與民間團體洩密、企圖把學校搞垮！這些手段最終導致一位教師退出調查小組，另一位求助心理醫師，還有一名看似沒有異狀，但校園流言中傷已經讓他成為沒有同事願意接近的『孤鳥』。」(註3)

這篇報導中的「孤鳥」，自然就是D老師了。這些日子以來，各種謠言在課堂裡、走廊下散播著，人人責難他，孤立他，認為是他不懂適可而止，才會讓家醜外揚，才會讓學校蒙羞！

D老師不明白，當初又不是他自動請纓調查，而且性平委員是照輪的，算起來是他運氣不好，才會輪到辦這種案子，他有什麼錯？更讓他難以置信的是，在調查期間一起「併肩作戰」的夥伴，竟也漸漸與他疏遠了。他不明白，在查案最痛苦的時候，大家不是一起抱頭痛哭嗎？怎麼現在卻反過頭來怪起他了？夥伴的支持就是一切，他以為大家可以一起撐過去，沒想到，這只是他自己一廂情願罷了。

「後來只要人本提到學校發生什麼事，大家都覺得是我去爆的料。其實很多我也是看報紙才知道的，不知道他們是哪裡來的消息，」D老師苦澀一笑，「唉，只要有人爆料，通通都是我就對了，反正我現在是『不對號也入座』，根本是整個車廂全包了！」

從此，他再也沒有「好日子」可過了。有特殊障礙、沒人想教的孩子，通通變成他的工作，他無話可說；有同事冷冷的話語或眼光掃過，他也都忍下來了。可他最不能接受的，是在他

因「查案有功」被敘獎的同一天，也因莫名原因被記了兩支申誡。

「……『揭案有功』卻成為『破壞校譽』的教師，今年六月接到人事室通知，他遭『民眾』向教育部長信箱投訴，卻遲至兩天後才要求限當日說明，並以保護投訴者為由，僅口頭告知投訴內容。當日又有五節課要上，這位前調查人員只好向人事室解釋，卻遭人事主任○○○回覆：『那是你的問題。』然而依行政慣例，人事室僅需根據投訴內容另擬文件即可做到保護投訴者，完全不提供內容的用意可想而知。該調查性平案的教師如今被告知考績丙等，因揭發案件而在二月被教育部中辦列為『有功獎勵人員』卻落得如此下場，種種遭遇又豈是外人所能想像？」（註4）

D老師整個人陷入背叛、沮喪與憤怒的情緒中。對他來說，最大的打擊倒不是被記過或考績變差，而是看到人性最醜陋的一面。「在同事眼中，我是不願配合的『害群之馬』，至於那些『配合學校』的人，福利都很好，有的是課變少了，有的是調到其他學校升官……你知道嗎？有官員對被彈劾的人說：『既然監察院要你們下來，也很好，你們好好休息，以後再服務這間學校。』」

D老師覺得自己好像有點笨，如果他調查出五件案子，最後報告「折衷」寫成三件的話，長

官一定會感激他。但他沒那麼做，他不願為升官發財而抱憾終生。

當然，學校裡不是沒有支持他的同事，但只限於私下鼓勵，不敢公開聲援。「他們也怕啦，這點我很了解，反正現在我在學校是人人喊打。可是出了學校，像你們會覺得我做了應該做的事⋯⋯很好笑吧？」

除了D老師被孤立，小元爸爸的處境也變得很微妙，老師對他很冷淡，熟識的家長也有意疏遠。他不生氣，只是覺得悶⋯在這個毫無道理的學校裡，他想改變老師、改變制度、建立警報系統，讓學生有更安全的受教環境，難道錯了嗎？

他以為自己做了該做的事，旁人的眼光，沒什麼好在意的。直到有天小元回家悶悶不樂，晚餐也只隨便扒了兩口飯便回房了，他覺得情況有異，睡前刻意晃到小元房間，沒想到躺在床上的小元一看到他進來，竟刻意避開他的視線。這是從來沒有過的事。

爸爸腦子裡閃過各種可能性，內心充滿不寒而慄的恐懼，說：「是不是學校發生什麼事？要不要告訴爸爸？」

小元不動聲色，爸爸耐心等著。不知過了多久，小元發現爸爸沒有離開的意思，才說：「老師一直問我爸爸最近在做什麼，去了哪裡，見了哪些人，還要我以後跟他報告。我覺得好煩，不知道怎麼辦。」

他們怎麼可以要求孩子打探自己爸爸的行蹤？他們怎麼可以？爸爸渾身顫抖，得咬緊牙關才

能保持鎮定。他痛心、憤怒，但這樣的情緒，又能向誰傾吐呢？

真正的麻煩還在後頭。一堆來自匿名人士的指控，說小元爸爸居心叵測、鬥爭分化、利用家長會長職務中飽私囊。爸爸衷心以為，只要他忍耐下去，不再多說些什麼，就能讓全家安穩度日。直到有天他意外收到地檢署通知，表示有人匿名檢舉他盜用公款圖利，雖然匿名者提不出任何證據。（註5）

「外面的人可能不知道，特教學校的家長多半都沒什麼錢，常常連兩百塊家長會費都繳不出來……」小元爸爸無奈地說：「指控我『圖利』，也要有『利』可圖啊！」

這件事著實狠狠震撼了他。從此，他除了得承受家長懷疑的眼光，還必須不停進出法院證明自己清白。雖然他很有信心，相信司法終究會還他公道，然而他的生活、他的家庭，持續處在混亂與擔憂之中。小元阿公勸他：「你一個人是玩不贏他們的，算了吧！」就連向來支持他的小元媽媽也說：「這麼做，值得嗎？」

我一直不明白，D老師及小元爸爸不是在「為校除害」嗎？為什麼反而成為眾矢之的？為什麼少數老師犯錯，其他老師寧可保持沉默，放任犯錯的人打擊異己，也不願讓真相公諸於世？

「就是鄉愿吧，」小元爸爸一針見血地指出：「很多老師跟家長私底下常跟我說，你這麼做是對的，加油，我支持你。可是要他們站出來，他們就不敢，就怕了，」然後他半開玩笑、又帶點憂傷地說：「所以啊，自古英雄的下場都不怎麼樣。」

2

經過這段日子的煎熬，他看清人們為了保護自己竟會如此醜陋。如今，他接受自己無法改變別人的事實，並做出選擇：忘了這一切。只是偶爾午夜夢迴，一種孤獨總會刺痛他的心。

如果說D老師及小元爸爸是學校的「內憂」，那麼，人本就是該校的「外患」了。

第一次聽張萍說人本是「外患」時，我以為她在開玩笑，沒想到她神情認真地說：「這不是我們自己說的，是某校長上台以後跟老師說：現在我們『安內』已經做得差不多了，至於以後，就要全力『攘外』了。那個『外』，指的就是人本！」

人本與學校的關係很像「諜對諜」。校方為隱瞞實情頻頻出招，可人本總懂得見招拆招，讓他們「遮羞」的心態無所遁形，難怪他們視人本為麻煩製造者。

有回廖慧嫻陪正祥爸爸去開會，某主任什麼都沒解釋，逕自拿出文件要爸爸簽名。廖慧嫻偏過頭一看，「不調查同意書」？哪有這種東西啊？她當場不好明說，只委婉表示：「這個……爸爸可以不用簽吧？」某主任愣了愣，立刻微笑轉身對站在一旁的某組長說：「對啊，這不是不用

簽嗎？」某組長只得快快收起文件，不敢再提。

除了「不調查同意書」，學校還自行發明了「保密協定書」，懲嚇家長簽名。耀華媽媽告訴我，老師拿保密協定要她簽的時候還說，簽這個是為了你們好，免得消息曝光，以後你們家小孩會很難做人。

「我們自己也是怕人家知道啦，可是我們也不懂啊，人家要我們簽我就簽啊。後來是張主任（張萍）跟我們說，這是你們發生的事，如果你們願意說出來，為什麼不能說？而且，那個根本就沒有法律效用，我才知道說，原來簽那個是嚇我們的。」媽媽露出一副「好加在」的表情。

校方得知人本在背後獻計，起初只是「柔性勸導」家長別跟人本走得太近，後來連「你們家小孩還在學校……」這類威脅字眼都說出口了。不少家長因恐懼而與人本漸行漸遠，只有少數家長認清事實，決心協助揭發事實。

耀華媽媽說：「老師來勸我說，你們幹嘛去找人本？他們只會把事情搞大，說得好像我們跟人本在一起會被帶壞，好像他們會陷害我一樣……」媽媽羞澀一笑，繼續說道：「我說不會啊，張主任人很好，很認真啊，有事情我就問她，什麼我都不懂啊，去哪裡請律師，而且他們幫我們這麼多，連一塊錢也不用。我們自己的感覺是，他們都很用心。而且事實就是事實啊，哪有搞得更大？」

涉案孩子頻繁進出法庭，有時學校會派老師陪同。孩子在法庭見到張萍或廖慧嫻，總是興致

勃勃地想跟她們說話，卻總被老師制止。廖慧嫻說：「有次我在法庭外看到正祥，主動走過去想跟他解釋今天的狀況，老師馬上說：『你不可以跟她說話！』……就當著我的面耶！喂，我是他的輔佐人，為什麼不可以跟他說話？」

廖慧嫻隱約知道學校老師「不喜歡她」，卻不知自己早已被列入黑名單。有天她接到受害者珊珊（化名）的電話說，校方通知阿公去開會，希望廖慧嫻能一道去，廖慧嫻想都沒想便一口答應。當她陪著珊珊及阿公出現在學校時，某主任一看到她，當場憤怒質問阿公：「她為什麼也會來？」

「那天我是真的有嚇到，因為主任是整個大發飆，對著阿公大罵說，你為什麼叫她來？整個人處於歇斯底里的狀態。原來他們以為只有阿公會去，想私下跟他商量讓珊珊自己轉學，不想讓我知道，」廖慧嫻搖搖頭，無奈地說：「阿公被臭罵了一頓，滿臉歉疚地用客家話跟我說，慧嫻，我被他們罵了，你走，好不好？」廖慧嫻不想讓阿公為難，只得默默離開。

廖慧嫻年輕，卻很沉得住氣，就算遇到再無理的對待，也從不曾情緒失控，還頗懂得苦中作樂。有次我去人本辦公室，她笑嘻嘻地問我：「你要不要看老師是怎麼罵我們的？」原來，她把該校老師在臉書上謾罵、吐苦水的內容，全部拷貝下來了。那些對話充斥著對人本的厭惡，且用字遣詞之直接赤裸，完全超出我對「老師」的印象。

「你看到這些留言，會不會很難過？」

「不會啦，反正把它當作調劑，就覺得還蠻好笑的。我已經過了最難過的階段了。」

「你最難過是什麼時候？」

「就是跟老師密集接觸的那段時間吧。你知道Ａ導師吧？她現在還在學校，有一次我們在法庭外遇到，我問她現在學校情況如何，她先是說『還好吧』，然後又說：『小孩子正值青春期，會發生這種事是理所當然』，Hello，『這種事』是性侵耶，什麼叫『理所當然』啊？還有一次，也是在法院，是另外一個女老師，她說她不准班上男生打籃球，原因是『大熱天打籃球流汗，會很臭耶！』厂ヌ，是腦袋有問題啊？……還有，你知道曉光跟正祥在廁所那次吧？對，就是那個女老師，她竟然要曉光他們當場『演』一次給她看！」

「我有種很深的感慨：那些聽不見孩子痛苦的人，才是真正的聽障。

3

D老師曾說，學生在宿舍發生什麼事，如果生輔員不說，老師也未必知情，可見生輔員的角色十分重要，只是外界鮮少提起。

根據《特殊教育相關專業人員及助理人員遴用辦法》，「生活輔導員」包括「教師助理員」及「住宿管理員」，前者工作是「在特殊教育教師督導下，協助評量、教學、生活輔導、學生上下學及家長聯繫等事宜」，後者則是「負責特殊教育學校（班）住宿學生之生活照顧、管理及訓練等事宜。」有些學校因人手不足或經費有限，負責夜間工作的住宿管理員白天也得兼做教師助理員，早也做，晚也得做，一人當兩人用。至於這所特教學校的生輔員，則主要負責宿舍生的管理工作。

D老師告訴我，生輔員很不好當，一個人得照顧多個學生，工作量很大，而且他們大多是約聘，工作沒有保障，一個月收入只有兩萬多塊，就投資報酬率來說是不太划算，「可能是因為這樣，又沒受過良好的專業訓練，他們的工作態度是有點問題。」

不過就監察院的調查報告內容來看，該校生輔員不論是面對學生自殘，或是校車上發生性侵，總是以「忽略和漫不經心的方式處理」，而如此嚴重的「忽略」與「漫不經心」，已不是「工作態度有點問題」可以解釋了。

凱林在接受調查時說，宿舍老師（即生輔員）都在看電視、打電腦或睡覺，不太管他們；他目睹老師在房間看「男生女生脫光光」的電影，不敢跟別人說。凱林媽媽也說，生輔員連續打了兩次電話給她，要凱林「什麼都不要說」；安平也曾表示宿舍老師「授權」他可以體罰同學，儼然是老師的分身。至於曉光被生輔員「修理」的經驗可多了，被捏、被揍、被踹，他不知道那叫

「不當體罰」，只覺得是「自己不乖」，才會被打。

生輔員既沒相關知識，又沒受過嚴格訓練，對兒童發展及性別議題毫無概念，很容易把「管理」當成「管教」；加上校方又不要求他們懂手語，與學生連基本溝通都有困難，怎麼可能提供適當的輔導與照顧？

「我希望生輔員對於小孩在晚上的事要給我交代，他們不太盡責，像今天我才教育一個生輔員。孩子剛就寢，生輔員不應該去洗衣服，這樣孩子比較容易出事。所以會發生事情不是孩子的問題，而是管理的問題。」（某老師）（註6）

按照現行「特殊教育設施及人員設置標準」，宿舍管理人力規劃只有八小時，學生需要住宿服務的時間卻超過八小時，可是法規並未因此而有不同編制，造成人力調配吃緊。該校性平調查小組報告亦指出：

「○○○提到『連續上班十九小時』，於其他生輔員訪談時，得知確有此事。連續超時工作，身心俱疲，長期影響生輔員之身心健康，降低生輔員的工作品質（有多名學生於訪談時陳述，生輔員會在車上睡覺），間接造成生輔員無法善盡監督與輔導學生之責。」（註7）

曾有老師替生輔員緩頰說：「從來沒有人告訴他們要怎麼做，指引他們一個正確的方向，大概就是別人交代什麼，或是以前的人怎麼做，他們就做什麼，所以，也不能全怪他們。」但也有熟知內情人士指出，有些生輔員是「擔心通報了反而會害到小孩」，才會裝作毫不知情，但他認為，就算他們是出於善意選擇沉默，不代表就不必負責，「沒有人是無辜的，只要在行車日誌或宿舍日誌上蓋了章，就有責任，就要負責到底！」

這位熟知內情的人士，我們暫且稱他為「X」好了。因為職務之故，他了解許多不為人知的內情。

曾經，他以為藉由自己的專業，可使冤屈得到平反，能讓公平得以伸張。後來他才驚覺，原來自己只是誤闖叢林的小白兔，好傻好天真。

例如有些案子根本沒有調查，校方卻謊稱調查過了；有人知道學生出事，卻裝作若無其事；有人假造調查文件，卻抵死不肯承認。他們堅稱自己沒錯，沒有疏失，沒有責任，一切都是學生的錯、家長的錯、人本的錯；任何對學校的批評，全是別有用心，都是在打擊異己！

X以為真相會說話，無辜從來不是自己說了算。可是他錯了，真相從來不是最重要的，尤其他明知很多人都在說謊，而且是漏洞百出的謊話，卻完全不屑稍加掩飾。很多時候，他得努力不去聽那些不可理喻、顛倒黑白的說法，因為那些說法聽起來太恐怖了，他實在受不了。那些人都是受過高等教育的知識分子，為什麼會做出這種事？文明與野蠻的中間，薄弱而渾沌，讓人看不

清界線，一扯就斷。

有很長一段時間，他不敢再回想此事，因為回憶裡有太多太疼的傷口、太深的憂傷，與太殘酷的事實，他選擇逃避，不敢碰觸。直到事隔數年我們通了電話、見了面，長期以來被他束之高閣的情緒，彷彿又回來了。

某天半夜，失眠的他有感而發地寫信給我：「我是不是錯了？太認真了？太當作一回事？……教育部捅了大摟子，是共犯結構，他們只想早早罷手。可是我不可能這樣做，這樣的事發生在教育機構，太不可思議了！當初若不是以為讓真相大白，讓教育部知情可以讓學校有所改善的話，我不會這樣做，豈知反讓自己成了蛇蠍……事件曝光之後，太多的聲音，太多的動作，太多的目的，真正目的是為了孩子的有幾個人？……我真希望自己不要看得這麼清楚，看見人性，有時真是件痛苦的事。」

我把信前前後後讀了好幾遍，覺得內心空蕩蕩的，彷彿被人掏走一大塊。我能說什麼？安慰他？向他保證明天會更好？

我想起初次見面時，他神色黯然地說：「現在支撐我過下去的只有一個信念，就是教育主管機關的力量能夠真正監督學校，協助這些孩子不再受害吧，」然後，他用不太確定的口吻問我：

「可是，這些人真的會改變嗎？」

我永遠記得他說這句話時的表情。那樣的神情，我只在最悲傷的人的臉上看過。

1 「國立〇〇〇〇學校性別平等教育委員會第1000314號案調查小組調查結果報告書」，P.58

2 同註1，P.43

3 〈學校變虎口 台南啟聰善惡顛倒〉，張為竣，《新新聞》，P.65，二〇一二年十一月七日。這篇報導對該校內部人事傾軋有詳細描述。另，原文中未隱去涉案人員姓名，〇〇〇為作者自行處理的結果。

4 同註3，P.67

5 二〇一三年九月，小元爸爸因「查無實據」不起訴。

6 同註1，P.51

7 同註1，P.79

沉默之罪

1

高潮會過，熱火會熄，轟動一時的事件失去了新聞熱度，也猶如失去了重要程度。任憑人本再怎麼發新聞稿，就是沒什麼人理會，就算按鈴申告教育部長失職，好像也無濟於事。整個體系始終不動如山，不管主事者的做法有多離譜，好像都很輕易地被原諒、也被遺忘了。

縱使情勢不太樂觀，張萍仍不肯放棄。她認為只要出了事，總該有人負責，不能姑息養奸。

她深信透過公平的訴訟程序，最終一定能讓正義彰顯。

她與人本台北辦公室商議，決定再度尋求婉柔模式，打國賠。

她不停地走家串戶拜訪家長，說明打國賠的目的。可以想見的，大部分家長馬上就退縮了。

「他們很怕啊，這等於是公然跟學校作對耶，而且他們的小孩又還在學校念書，他們哪敢啊？」張萍說。

也有像凱林媽媽這樣的，二話不說，力挺到底。「我只是要學校跟社會大眾道歉，要真的認錯，說是學校的錯。他們一直到現在都覺得學校沒有責任，我很不服氣……」說到這裡，媽媽不免喟歎：「（凱林）他今天會變成這樣，學校還不願意承認？以後有其他小孩跟他一樣，怎麼辦？」

耀華媽媽也有同樣想法。她說，最初張萍登門拜訪時，她有點猶豫，想說「恬恬不要出聲」，會不會比較好？「大概是我跟爸爸在商量的時候，（耀華的）姐姐有聽到，她跟我們說，發生這種事，你們一定要站出來，不然會有更多人跟弟弟一樣受害！我們聽了覺得很有道理，這是學校的責任，我想要一個公道。我是想說打打看，有就有，沒有也沒關係，主要是想讓大家知道發生這種事。」

最後張萍找到五位受害家長願意提出國賠請求，他們的態度很明確，打國賠不是為了錢，而是希望特教生及校園安全有所改變。可是送件兩個月了，校方既未答覆，也沒透過律師協議。

人本原指望校方能主動召開協調會，就不必進行訴訟（根據《國賠法》，如果提出賠償請求三十天之內學校不找受害者協議的話，受害者方可提賠償訴訟），張萍說：「我們真的很不想走（訴訟）這條路。以前婉柔媽媽花了四年，壓力大到得靠吃鎮定劑才能出庭……國家一定要讓受害者再受一次苦，不能就直接承擔責任，進行協議嗎？」

昔日教育部次長吳財順的話言猶在耳：「如果此事證實是公務員疏失造成學生受害，一定會

告知家長可聲請國賠，並給予必要協助；一旦國賠案成立了，教育部也會對有疏失的老師或公務員求償。（註1）那時次長的話說得體貼周到，可如今家長提國賠了，教育部卻默不作聲，學校也繼續裝蒜。

人本迫於無奈，只得又請立委召開記者會，硬逼學校出面。隔沒幾天，家長就收到校方寄來的協調會通知書了。

這幾次與學校協調的經驗，對政大法律系教授劉定基來說，無疑是難忘的震撼教育。

劉定基帶領政大法學院修習「公益服務實習」的同學協助人本處理國賠案已經很久了。這回參與國賠協調會，他發現出面協商的校方代表盡是該校老師，沒有外部委員，而且連涉案人員也赫然在列。這不是球員兼裁判嗎？這樣的協調代表，怎麼可能真正想「協調」呢（註2）？這也是目前《國賠法》的問題：對賠償義務機關如何辦理國賠協議，包括參與協議的人員組成及資格，沒有明確規定，因此幾次協調會並未真正發揮「協調」功能，反像是一次次的攻防戰。

二○一二年三月二十三日，第一次協調會。校方否認有任何管理或通報疏失，並認為調查報告是「手語翻譯」誤差所致，不代表事實。例如報告中指出有生輔員在校車上目睹性侵，想通報卻被制止一事，校方律師完全否認，並要該名生輔員到場說明。

已經在開協調會了，校方還想重新認定事實？

或許是事前沒「喬」好，校方律師問生輔員在車上看過幾次性侵，對方竟老實答道：「兩

次」。律師及E校長忍不住倒抽一口氣，尤其是E校長，更是尷尬得滿臉通紅。因為根據調查報告，生輔員只承認看過一次。這下子可糗大了。

「為何調查報告書上已經認定的事實，還要在這裡重複詢問？」劉定基提出質疑。根據《性平法》第35條第1項：「學校及主管機關對於與本法事件有關之事實認定，應依據其所設性別平等教育委員會之調查報告」，照理說，協調會不可以推翻性平會調查的結果。

「若國賠確認的話，他（指該名生輔員）就會是未來學校要求付款的對象，所以有必要到場釐清啊。」校方律師從容答道。

「不好意思，我就直話直說了，」劉定基客氣回應：「今天來應該是談協調國賠金額，而不是重啟調查，依據《性平法》35條，調查報告既然已經認定校車上的性侵害事件，不需要再問了。」律師臉色死寂，不再說話。

可以想見的，這不是一次成功的協調會。會後校方律師逕自走向那名生輔員：「要是走上法院你會有責任喔，你知道嗎？你要賠錢喔！」

這，是威脅嗎？

「不一定啦，要確定你是故意或是重大缺失才會，」劉定基連忙上前接話，「而且這個部分，我是不知道學校有沒有給予校方人員輔導相關知識的訓練。」他不希望學校把責任全推給生輔員。

校方律師尷尬低語：「沒通報，就是故意的啊！」

這次學校拒賠三件案子，另兩件最高只願意賠二十五萬。校方律師開宗明義指出：「我們今天坐在這裡是要來解決事情。我常講處理的不是自己的錢，我顧慮的跟人本不一樣，你們想的是學生，我顧慮的是公務員⋯⋯」他的聲調平靜沒有火氣，語氣卻一步緊一步地說：「學校沒有拒絕賠償，至於精神撫慰金的金額，我們建議上限是一百萬元。」

「教育部長有明確指示，○○高分院九十九年度上國字1號判決一百萬的精神撫慰金是參考標準，不是上限。部長明確地說了『reference』這個字眼。」劉定基提出更正。

「不好意思，那個會我沒去開，我只是『照章辦事』。」校方律師微笑回應。

然後校方律師指出「學生要處理，學校校譽也要維護」，還說，他們私下跟家長接觸過，家長要的金額沒有人本說的高，說不定只要一半，家長也可以接受。

劉定基無法接受這種說法：「我覺得這有倫理規範上的爭議。學校是被請求的一方，歡迎學校對孩子做諮商輔導，但法律金額上的『輔導』，會有不小的問題。在協議期間，這樣私下接觸國賠事宜會節外生枝，產生案外案。我們已經接受委任，一旦要談賠償，至少要有代理人在場。學校如果要考慮後面的程序，訴訟對學校絕對不是有利的，我們的善意只到國賠協調程序結束，之後一切公事公辦，再有私下接觸的情況，我們一定追究。」

談了半天，雙方還是沒達成共識。

二〇一二年六月二十五日，第三次協調會，情況更是離譜到了極點。

會議才剛開始，負責主持會議的E校長便表示，根據學校與中辦召開「教育部國賠協調會議」的決議，除非家長親自出席，以及教職人員可免除被求償責任，否則就不必再談了。

張萍努力按捺住火氣，最後還是忍不住動怒了：「《國賠法》有哪個規定說，訴訟代理人來了之後，當事人還非得到場不可？有這個規定嗎？你們內部要不要求償，求償狀況怎麼樣，要在國賠協調會議說嗎？請問有哪一條法律這樣規定？你們提案不合法、不明理，然後要我們這些人背書，不是莫名奇妙嗎？」

E校長溫吞地說：「一個學校耗費心力，絕大部分都在國賠案跟相關的事務處理上，其實喔，我要講，如果真心關心教育，事緩則圓，給它適當時間⋯⋯」

張萍用手往桌面用力一拍：「你們心裡就只有那些教職員的求償，你心裡有沒有小孩嘛？說清楚！」

E校長火氣也上來了⋯「怎麼會沒有小孩？你心裡有學校？有小孩嗎？」

「我們心中有學校，有小孩啊，就是這個學校要收起來！」說罷亦憤怒拍桌。

「這個學校要收起來，那你就跟教育部講嘛！誰在真正照顧學生？誰在真正扛起學校的相關工作？你要逼學校花多少心力來處理這些案子啊？」

代表教育部出席的法律顧問連忙出來打圓場：「今天如果看會議通知，是很概括地說召開『國家賠償協議會議』，可是剛剛又跑出來幾個前提，我不知道是有另外一個正式議程嗎？還是說只是表達意見？……如果說學校這邊想表達立場，我想，也表達過了。現在大家是不是可以進到實質面，就是真正的所謂兩造要談的事？」

E校長來了記回馬槍：「今天是學校國賠小組跟相關代理人來協議，我很尊重（教育）部裡邀請的律師給予什麼……列席的意見，列席指導，可是他不是代表學校的立場，這個在法理上是很清楚的。」

中辦某科長急忙澄清：「我們並沒有講說，沒有家長列席這個會議就不開，要先說明本部的立場。我們是不是應該還是回歸案子？我想這個部分，校長也很了解，那既然都要講委員會的話，我們是不是就照上次委員會的決議的部分來……」

這時E校長又立刻搶話：「已經講得很清楚了。那會後大家再共同來努力……如果，既然做協議，一個最重要的本質精神就是什麼，相關參與的人都覺得合理、合情、合法，如果有某個人……」

向來溫文的劉定基也動氣了……「校長覺得哪裡不合法？你覺得這個協議哪裡不合法？」

E校長不準備留後路，以下結論的口氣說……「各位聽我講，不要再費力了，好不好？今天大概的、主要的概念也都講了，很清楚了……」然後，他像是任務已經達成、無需久留似的站了起

來，正式宣布散會。

根據《國賠法》施行細則第7條第1項規定：「請求權人得委任他人為代理人，與賠償義務機關進行協議」。既然家長已委託張萍與劉定基擔任代理人，為什麼還得親自到場？校方怎麼能以此作為散會理由，公然違法？他們怎麼可以？

事隔幾天，E校長請辭，F校長接任，接下來幾次協調會總算有了進展：五件國賠案達成協議的有三件，未達成協議的有兩件，目前仍在進行訴訟當中。

回想這段與校方交手的經驗，劉定基著實感慨萬千。他說，一般國賠案牽涉的公務員頂多只有一、兩個人，而且即使與失職公務員所屬機關商量協調，也不會有太多狀況。然而與這所特教學校的交涉過程，他強烈感受到來自多數人的敵意：因為涉案的人很多，學校又很小，人情壓力很大。在這種情況下，讓學校自己負責國賠協議，很難期待會公平。

我想起廖慧嫻寫過一段頗為詩意的句子：「這所學校是個神奇的咒語，一旦進入學校，感官健全的人無論是誰，都可能罹患是非公義辨識不能症，眼睛變成一上一下，對於眼下之人鄙棄，對於眼上之人極盡鞠躬哈腰之本能。」

人的殘忍，有時真是無遠弗屆。

2

召開協調會期間，校方表面不動如山，私底下卻鴨子划水，動作頻仍。他們繞過人本直接找上家長，提出「會繼續讓孩子進行心理輔導」「保障就學就業」等條件，要求家長撤回國賠請求。就連凱林媽媽這種「死硬派」，學校都找上門了，而且是F校長親自登門造訪。

凱林媽媽沒見過F校長，不知道這陣子校長有如走馬燈，已經換過一輪了。反正她很相信張萍，什麼事情都讓張萍代為處理，直到進入協調階段某天，校長祕書突然來電，說F校長正好在附近開會，希望能到家裡拜訪。

「我想說，來就來啊，也不會怎麼樣。」凱林媽媽見多識廣，沒在怕的。

F校長態度很好，姿態很低，可話繞了半天就是不說重點。向來爽快的凱林媽媽直接問他：

「校長今天來，是要跟我們商量國賠的事喔？」

F校長連忙否認：「不是不是，純粹是來關心，跟那個無關。」

談著談著，F校長還是忍不住了，小心翼翼說：「媽媽，關於那個金額……」

原來是嫌金額太高，來討價還價的！凱林媽媽馬上裝傻：「喔？這個我要問爸爸耶，我不能自己決定。」F校長請她打電話詢問爸爸意見，向來委由妻子全權處理的爸爸在話筒另一端憤怒

嗆道：「為什麼要和解？這是什麼意思？」F校長見狀尷尬告辭，匆匆退場。

過沒幾天，校長祕書電話又來了……「媽媽，關於那個金額……嗯，有沒有商量的餘地？」凱林媽媽聽了很火大，覺得小孩被欺負成這樣，學校還在那邊跟她討價還價！「然後我就開了一個數字，是比校方提出的金額要高一點啦，後來，他們就沒有再跟我聯絡了。」

進入訴訟這條路，人本與家長一路走來，更是步步歧嶇。

有時，是學校提出時效抗辯，不利於學生。根據《國賠法》第8條規定：「只要自損害發生時起超過五年，即不得主張國家賠償」，這對年幼受害的學生來說，實在不太公平。以曉光來說，他早在一、二年級時就被欺負了，那時他年紀小，不了解什麼是「性侵」，學校老師既沒警覺，又疏於處置，校方堅持五年消滅時效，未免過於嚴苛。

有時，是法官觀念的問題。例如有法官認為，如果聲請國賠的學生既是行為人、也是受害者，賠償金額就該低一點。

法律上有個名詞叫「與有過失」，大意是如果被害人也有過失，就只能得到部分賠償，甚至連一毛錢也拿不到，法官認為「加害」學生的賠償金額可以低一點，就是基於這個理由。但政大法律系林佳和教授以《國賠法》第5條「國家損害賠償，除依本法規定外，適用民法規定」（註3）為依據，針對特教生申請國賠案一事，提出與法官相左的見解……

「加害人之與有過失必須是『可歸責之』，亦即本於交易秩序中的一般注意義務、個人之認識來源與經驗等，加以認定與判斷。不論如何，與有過失之關鍵要素，事實上在於『被害人之參與損害的發生與擴大』，也就是絕對必須限於『可歸責』，方可能有過失之成立，而才有賠償責任縮減排除之餘地，一般經常誤會的動機、目的等主觀事由，完全與此無關；道理非常簡單：得以產生損害賠償範圍縮減之與有過失，既然必須以歸責為前提，則與行為無因果關係之其他目的或動機，何來歸責之有？」〔註4〕

根據我的理解，林佳和的這段話大致可以解釋如下：受害學生固然也是行為人，但他們的「加害」是肇因於學校未能即時制止，放任情況越演越烈，因此法律不該只追究學生個人的犯行；也就是說，學生的「加害」是肇因於「受害」，不論是「加害」或「受害」，學校都應負起大部分責任，不該讓學生自行承擔。

這些人為什麼都只看問題的表面，而不願思考問題的背後呢？

或許，這牽涉到不同文化對待兒童犯罪的態度。

一九九四年十月，挪威大學城特隆赫姆（Trondheim）有名五歲女孩被人毆打致死，警方在確認凶手是兩名六歲男孩之後，隨即判定這不是「謀殺」，而是「意外」，事件中沒有犯人，只有被害人，而且無論是死去女孩或她的家人，甚至是失手打死女孩的男孩，都需要政府及社會的

扶持與照顧。

由於案件被定調為意外而非謀殺，事發之後湧進特隆赫姆的不是嗜血的媒體，也不是憤怒的群眾，而是大批社工及教育心理專家，他們負責照顧被害家屬，安撫民眾情緒。至於兩名男孩則被安排至另一所幼稚園讀書，該校家長非但不排斥兩名男孩，反而認為他們應該得到特別的照顧。在這裡，沒有人認為男孩們是「犯人」，應該被關進監獄，他們用愛與寬容接納了犯錯的孩子，盡量讓男孩維持原本正常的生活。(註5)

照顧加害者，可能會被認為是原諒他們的行為，譴責加害者，也可能會刺激他們進一步採取施虐的行為，到底該如何取捨？或許沒有對錯，只有不同。沒錯，台灣這些特教生是犯了錯，而且是很嚴重的錯，然而這些蒙昧無知的少年是知錯犯錯，還是懵懵懂懂、因錯誤的認知而犯錯？就算他們是知錯犯錯好了，我們的司法體系願不願意給他們贖罪或自新的機會？

「我們打國賠，只是為了還孩子公道。孩子一直到現在還在受苦，家長也還在承擔對孩子未來的憂慮……」然後張萍沒有哭、沒有崩潰，只是心平氣和地說：「你知道有老師跟我說什麼嗎？他們說，你們人本拼命幫小孩打官司，小孩會以為被性侵還有錢可拿耶！」

身為教育工作者，身為法律人，身為一個人，她感到可恥。

3

二〇一一年底，教育部公布事件懲處名單，一串落落長、三十三個人的名字一字排開，就連中辦主任藍順德的名字亦赫然在列。很多人以為這回教育部是「玩真的」，就連向來尖銳的媒體也認為這回教育部壯士斷腕，展現了魄力。

外界不明究理，以為這樣的懲處夠重了，畢竟這是台灣教育界高層官員遭到最嚴重的懲處。

但教育部人事處也承認，「記過僅會影響考績及獎金，不致影響現有職位或職務」（註6）；況且未來只要功過相抵，不論是大過小過還是申誡，照樣一點事也沒有。難怪C校長在被撤換職務後仍在臉書上從容寫道：「目前在教育部中部辦公室（霧峰）辦公，事情平息前，低調生活，調養身心，享受人生的美好。別擔心，為師傻人有傻福，目前長官都很照顧，請放心。」

C校長口中的「長官」，指的自然是教育部中部辦公室（二〇一三年更名為「國民教育及學前教育署，簡稱國教署」）了。中辦在這起事件中扮演什麼角色？為什麼他們也必須負責？

二〇一二年七月，監察院破紀錄一口氣彈劾了教育部中辦及學校教職員共十六人。根據監察院的調查報告，該校自二〇〇四年起共發生一六四件性侵及性騷擾案，比教育部呈報的多出將近一倍（也比人本公布的一二八件要多），其中有七十件未依法通報地方主管機關、八十七件未依

法通報教育部、四十四件既未調查也未處理、十七件則是違法自行處理。從這些數字來看，校方企圖隱匿、私了的事實不容否認，身為主管機關中辦更是難逃嚴重職務疏失，包括：

■ 中辦某科長說「性平事件是督學年度重點視導業務，督學會去控管」，可是兩位督學接受訪談時卻說「性平案屬敏感案件，教官室、中辦給我，我才會去看，屬被動的」。另外，督學在視察該校性平業務時，有行政督導僅以書面表格填寫，而該校校園安全規劃嚴重缺失卻列為「優點」，明顯怠職。

■ 中辦未依規定列管該校安通報、通報正確性及後續處理結果，只由承辦人員擬辦理意見如下：「一、將影本送主任室、副主任室、行政科及第一科及第五科酌參。二、本案已由學校與家長處理，資料陳閱後存查」。至於承辦人員的說法則是「我的理解是學校會去追蹤」，可見中辦早知學校未依法處理，卻只依標準流程處理公文，不做任何補救。

■ 藍順德接受監察院約詢時說：「一○○年九月報紙上出來後，我週四就去學校，十月以後負責行政督導，每兩週我和黃副主任輪，九至十二月我去學校八至十次」，這證明中辦早在一○○年九月人本召開記者會前已知事態嚴重，卻不曾積極著手解決問題。

■ 中辦及教育部本部單憑校方提供的資料，即對外宣稱只有七十一件案子，既未調閱學校日誌、通報單等資料，更未訪談當事人及相關證人，疏於查證。（註7）

或許中辦官員並沒有犯什麼「大錯」，頂多只能說是……消極以對吧。但公務員的角色與職責是什麼？為什麼監察院認為他們也必須負起責任？

考試院長關中曾說：「消極和保守的態度，是台灣公務員無法進步的主要原因」「沒有國家興亡、匹夫有責的感受，沒有修身、齊家、治國、平天下的胸襟」（註8）。長期以來，「公務員心態」是個難聽的、罵人的字眼，不是沒有原因的，因為我們看過或接觸過不少公務員，經常抱持著多做多錯、少做少錯、不做不錯、怕麻煩、怕壓力、推卸責任、怕檢討、怕面對民眾的鴕鳥心態，只想抱著鐵飯碗及捧著十八趴終老一生。他們或許沒有「犯法」，卻難逃失職怠惰的嫌疑。

以這起特教學校事件來說，中辦明知出事，也知道校方未依法處理，卻只辦（公）文不辦事，看遍卷宗卻看不到孩子的處境；他們只願旁觀，不肯介入，他們以為自己清清白白，不染塵埃，卻不知自己的無動於衷，讓孩子的純真被葬送在身後遠遠的另一條岔路。

「惡」的存在是很弔詭的，有時不必刻意加害他人，只要站在一旁觀望「惡」的進行，就算沒有動手殺人，也會導致惡的結果。

一九三九年，從德國漢堡市啟航的聖路易斯號載滿九百多名猶太難民，欲前往古巴尋求新天地。當船隻快要抵達目的地時，古巴政府推翻原來協定，拒絕這群甫逃離納粹的難民入境，心焦如焚的船長載著難民開往美國，期望能得到該國政治庇護，也被拒絕了。最後，聖路易斯號載著難民橫渡大西洋，再度回到歐洲，其中有人幸運獲准入境英國或其他國家，也有人不得不返回德

國占領區，最後死於納粹之手。

古巴及美國政府沒有明目張膽地鼓吹暴行，也沒有主動加害猶太難民，只是沒有出面反對、公開抗議納粹惡行。他們目睹災難卻視而不見，就算沒有親自動手殺人，也等於是犯下了「不為之惡」。

中辦官員的惡性特別深重嗎？或許不是，他們只是在有能力保護孩子時，選擇裝聾作啞置身事外，當苦難在眼前上演時，他們卻渾然不覺，以為與自己無關。他們從頭到尾未置一詞，選擇把最幽暗的地方留給了幽暗。

沉默，就等於是默許惡行的存在，而默許惡行，就是罪行。

1 〈特教學校性侵案 可聲請國賠〉，林志成、曹婷婷，中國時報，二〇一一年九月二十八日

2 本案進入司法程序後，經由人本與多位立委關切，並在上級機關的監督指導下，國賠小組有所改組，並始有外部委員參與。

3 根據《民法》第217條「過失相抵」條文：1.損害之發生或擴大，被害人與有過失者，法院得減輕賠償金額，或免除之；2.重大之損害原因，為債務人所不及知，而被害人不預促其注意或怠於避免或減少損害者，為與有過失；3.前二項之規定，於被害人之代理人或使用人與有過失者，準用之。

4 資料來源見〈當孩子成為殺人凶手，挪威、英國反應大不同〉，方潔，公視新聞議題中心網頁，二〇一三年九月十九日

5 〈關於特教國家賠償的一些想法〉，林佳和，「聞聲救苦從何做起？從南部特教學校性侵案開始」，南部特教學校性侵案研討會大會手冊，P.30，二〇一三年五月四日

6 〈特教校集體性侵17官員遭懲〉，劉嘉韻、李恩慈，自由時報，二〇一一年十二月七日

7 以上引自監察院「一〇一年劾字第13號彈劾案文」，二〇一二年七月十六日

8 這段話是關中在「高階文官培訓飛躍方案」開幕典禮上質疑現場公務員所說的。曾為「十八趴」親上火線，怒斥外界「別醜化目前在工作崗位上的公務人員，也不要羞辱退休人員」的關中這回火力全開，對公務員心態有諸多批評。當天他還舉了個很有趣的例子說，許多公務員在退休後選擇當志工服務社會，讓他十分疑惑：公務員不是服務國家社會最好的管道嗎？為什麼要在退休後才開始做呢？見〈關中：我公務員個性 偏保守消極〉，楊智強，台灣醒報，二〇一三年七月五日

邪惡的庸常性

1

在大量查閱與事件相關的公文、報告、會議記錄、新聞報導等文字、錄音及錄影檔案這段期間，發現有那麼多（大）人不斷睜眼說瞎話，想盡辦法卸責，讓我感到很不舒服。很多時候我幾乎不敢看，看不下去，覺得真是受夠了，渾身難受得不得了，常常必須跳過一些片段或畫面，才能勉強自己看完。

有天看完一堆會議記錄，我難過地對張萍說：「這些人怎麼會這樣？他們晚上怎麼睡得著啊？」

「就是『路西法效應』（The Lucifer Effect）嘛！」她說。

「路西法效應」是心理學家菲利普・金巴多（Philip G. Zimbardo）在上個世紀七〇年代做的心理實驗結果。他把史丹佛大學心理系大樓的地下室改裝成監獄，找來一批年輕大學生及研究

生，有的人扮演犯人，有的人扮演獄卒，透過彼此角色的互動，探討環境與制度對人性的影響。

起初，被要求扮演獄卒的學生都很不情願，但當他們穿上獄卒制服，被賦予可以非暴力形式管理囚犯，很快就忘記了這只是場實驗。實驗第二天，扮演囚犯的學生小小搗亂了一下，扮演假獄卒的學生就火大了，他們沒有使用肢體暴力，而是用殘酷、羞辱人的手段教訓假犯人。漸漸地，不論是假獄卒也好，假犯人也罷，雙方越來越入戲，越演越逼真，整個情況瀕臨失控，迫使實驗不得不提早喊卡。

參與實驗、扮演獄卒的都是普通學生，不是什麼壞人，但一旦環境給他們掌握、操控他人的權威，原本可愛單純的學生，也會變成殘忍凶悍的惡棍。這也是該實驗最為駭人之處：罪惡不是某種人的特質，殘忍也不是某種人的性格，人之所以會變成惡人，情境是極其重要的因素。金巴多是這麼說的：

「驅使人類行為的動力為何？是什麼決定了人類的思考和行動？是什麼讓我們一部分的人道德感深重、正直不阿，而相對地又是什麼讓我們容易拋棄禮規、犯下大錯？我們在回答這些人性問題時，是否都先假設是『內在因子』決定了我們向上提升或向下沉淪，而都忽略了『外在因子』對於人類思考、感覺與行動的影響？在什麼狀況下我們會成為情境或群體行為下的產物？有什麼事是你自信絕不會在任何脅迫下做出的呢？」（註1）

至於實驗結果何以命名為「路西法效應」，則是源自英國詩人約翰・米爾頓（John Milton）的聖經史詩《失樂園》（Paradise Lost）的情節：路西法是上帝寵愛的天使，他因拒絕臣服耶穌，挑戰上帝權威，最後帶領一群墮落天使投入地獄。金巴多以「路西法」的寓意說明，「善」與「惡」的分界是模糊不清、有可能互相滲透的，只要有那樣的情境，就算天使也會變成魔鬼。

特教學校事件中怠忽職守的公務員，可以用「路西法效應」來解釋嗎？我倒是持保留態度，畢竟他們不像假獄卒被合法賦予極度的管教權，也沒做出罪大惡極的事。不過讀了《路西法效應》後，我常捫心自問：如果是我在特教學校教書，或是在中辦任職，面對如此棘手的案子，我會怎麼做？是挺身而出，還是悶不吭聲？

「如果是我，才不會那麼殘忍！」不少人如此信誓旦旦地說。

一般人在了解如此慘絕人寰、匪夷所思的事時，總想以符合正義的方式去解讀，也不認為自己會做出如此冷酷的事，因為這太違反倫理價值與道德觀念了。然而行為與信念之間本來就存著巨大矛盾，而且我們常對個人的判斷都太有自信了，不相信自己會做出違反人性的事。這正是金巴多想提醒我們的：情境左右人類行為的力量，遠遠超過我們的想像。既然人人都有變成魔鬼的潛力，那麼我們還能理所當然、義正詞嚴地堅稱「如果是我，才不會那麼殘忍」嗎？

《聖經》裡有個故事，提到一群猶太人捉到一名觸犯通姦罪的女人，將要按照律法用石頭砸死她。就在激動的眾人拿著石頭，正要往那女人身上扔時，耶穌說：「你們中間誰是沒有罪

的，就可以先拿石頭打她。」眾人聽了這話，摸摸鼻子，一個個默默離開了。

我不確定自己是否是有資格拿石頭的人。

2

很多受訪者告訴我，他們原以為那些涉案的教職員肯定是些沒心沒肝、喪盡天良的傢伙，否則，正常人怎麼可能會殘忍到這種地步，棄小孩於不顧？因此，當他們發現這些人不過是普通上班族，而且各種宗教（其中不乏虔誠信徒）、年齡及教育水準都有時，總是大惑不解。

例如有人形容某校長「看起來正派斯文，想不到吧」；有人提及某老師時，說他的長相「清清秀秀的，跟我們一樣」；有人描述學校某主管時，特別加重語氣：「不騙你，真的是溫─柔─婉─約！」也有人懊惱不已地說：「某老師看起來那麼誠懇，害我一度以為自己冤枉了他！」

這種「他們看起來跟我們一樣」的詫異，究竟從何而來？為什麼我們認為這些知情不報或隱匿案情的教職員「應該」與我們不同？如果分別「他們」／「我們」的標準，是「好／壞」「善／惡」的話，難道「好人」與「壞人」的長相，可以一望即知？

這讓我想起漢娜‧鄂蘭（Hannah Arendt）在分析納粹屠殺猶太人的主要執行者阿道夫‧艾希曼（Adolf Eichmann）時提出的「邪惡的庸常性」這個概念。（註2）

艾希曼是二次戰後惡名昭彰的戰犯，他參與並負責執行德國第三帝國殲滅猶太人的「最終方案」，有計畫地組織運送猶太人到集中營進行集體屠殺。據估計，當年全歐至少有六十萬猶太人因他「高度的行政效率」而化為灰燼。

漢娜‧鄂蘭是出生德國的猶太人，後來入籍美國，是二十世紀最重要的政治哲學家及作家。

一九六一年以色列特工將在阿根廷隱姓埋名的艾希曼綁架至以色列接受審判，鄂蘭曾以《紐約客》雜誌特約記者的身分前往耶路撒冷進行採訪。

那時大家都以為，像艾希曼這樣殺人不眨眼、十惡不赦的人，肯定是個令人作嘔的傢伙。

但鄂蘭看到坐在被告席上的艾希曼，發現他個子不高，戴著眼鏡，外貌普通，既不凶殘也不惡毒，甚至連狡猾都稱不上。她一連幾天坐在旁聽席靜靜觀察，發現與其說艾希曼像魔鬼，倒不如說他更像個奉公守法的官吏，就連精神病理學家鑑定過後，也證實艾希曼「不僅正常，而且非常討人喜歡。」

「（艾希曼）恐怕除了對自己的晉升非常熱心外，沒有其他任何的動機。這種熱心的程度本身也絕不是犯罪……如果用通俗的話來表達的話，他完全不明白自己所做的事是什麼樣的事

情……他並不愚蠢，卻完全沒有思想……這絕不等同於愚蠢，就是他成為那個時代最大犯罪者之一的因素。這就是庸常……希望能知道艾希曼有惡魔一般的要因，那是不可能成功的。」（註3）

艾希曼不是天生的劊子手或虐待狂，也不是因為道德錯亂或變態殘暴而蓄意採取行動。他在法庭上為自己辯護說，他對猶太人並沒有仇恨，只是服從上級指令、奉命行事罷了，如果上級要他殺了自己父親，他也會確實執行。他不思考、不質疑，一切取決於公文及命令，至於上級的命令是否違反倫常，他沒有興趣，也不在乎，就跟納粹其他官員沒什麼兩樣。

「艾希曼這個人物難以理解的地方，正是因為許多人與他很相似，這些人既非行逆施，也非殘酷成性。無論過去或現在，他們都是可怕的正常人。從我們的法律制度和道德準則來看，這種正常，比把所有殘酷行為放在一起，還要使我們毛骨悚然。」（註4）

艾希曼不是「殺人魔王」嗎？怎麼可能「跟我們一樣」？這對一般人來說，實在是太難理解了。鄂蘭以「邪惡的庸常性」解釋像艾希曼這樣既沒有喪心病狂、也不是天生殘忍的人之所以作惡的原因：**他從不認真思考自己在做什麼，只是選擇服從組織威權，以組織威權的判斷代替自己的判斷；他不是罪行重大的惡人，只是缺乏獨立思考能力的平庸之人。**

鄂蘭說明犯罪的「意圖」與「行為」之間未必直接相關，但並不代表艾希曼無須承擔責任。

在她看來，艾希曼以「上級命令」代替個人的道德判斷，放棄自己思考判斷的機會，也就必須為這樣的行為負後果責任。「邪惡的庸常性」的「庸常」不是無知，而是缺乏思考，沒有判斷及反省的能力，這也是法官反覆質問艾希曼的問題：「殺害猶太人，對得起你自己的良心嗎？」所以，無論艾希曼怎麼回答，這都是個道德問題，而不是法律問題。

從這個角度來看，也就不難理解特教學校教職員的沉默了。「默視」在他們的工作中已被高度「正常化」，就算學生發生不被允許的事，如性騷擾或性侵，他們也覺得沒什麼大不了。他們不是特別狠心或特別邪惡，只因為同情心與同理心早已在他們的生活中漸漸麻木；他們不是沒有羞恥心或罪惡感，而是打心底相信特教生發生性侵理所當然，不必刻意制止。這些對外人而言無法想像的道德考驗，對他們而言卻有如家常便飯——「特教生就是這樣」，他們早已習以為常。

「我們也要賺錢養家，沒有太多選擇……大家為什麼要苛責老師？」這是不少老師的共同反應。（註5）

為了一口飯，可以殺人嗎？當然不行，這也是艾希曼無法被原諒的原因。那麼，為了一口飯，可以見死不救嗎？可以對惡行視若無睹嗎？老師真的「沒有太多選擇」嗎？

二〇一三年，台中有位特教老師看不慣同事不當體罰智障生，悄悄拍下對方呼學生巴掌的畫面。原先他為了保住工作，也不願傷了同事感情，始終沒有拿出來，直到他不停地做惡夢，夢

裡孩子不斷地被踢被揍被甩耳光，讓他難逃內心無止盡的良心掙扎。最後，他決定就算丟了差事，都要將影片提供出來。他說：「學生的權益比我的工作重要。他們是特教孩子，沒辦法為自己說話，如果我不站出來，還有誰能幫他們？」(註6)

人生永遠都會不停地面臨「選擇」，而面臨重大選擇之際，正是考驗自由意志與道德底線的時機。對惡的視而不見、聽而不聞，從來不是法律問題，而是道德問題。該校老師或許沒有「犯罪」（但有「違法」，如違反《性平法》），外界的指責也不在於他們犯了罪，而在於缺乏勇氣與能力，做出符合老師職責、符合良心的舉動。

或許有人會說，每天有那麼多天災人禍自眼前橫過，做什麼或不做什麼，又有什麼差別呢？

現實的冷酷是不爭的事實，卻不曾讓人在面對惡行時的緘默，在道德上更具有說服力。德蕾莎修女曾說：「愛，是在別人的需要上看見自己的責任」。期待老師在學生身上看見自己的職責，從來無法用法令要求，也無法以道德規範，唯有教育者反躬自省，側耳傾聽，讓理所當然少一點，讓惻隱之心多一點，才有可能成就。

特教老師廖淑戒寫過篇令人動容的文章，其中有段文字是這麼說的：

「擺在我們這群自認專業的教書匠眼前的是一種『道德抉擇』的挑戰……教師必須面對自己複製的不平等，努力發展抵抗壓迫的能力，擴大道德概念。然而，我們受到宰制文化的影響，成

為宰制的果，也是宰制的因……處於體制內的恐懼當中，絕口不提明存在的事實，因為我們懼患『選擇性緘默症』，唯恐自己在主流論述裡被團體詛咒，要達到那個集體意識覺醒、對抗論述，並轉化成具體實踐的理想，對我們而言似乎仍是一條漫長的路。」（註7）

對抗既有體制，永遠是條艱辛而漫長的路。老師的愛與關懷，或許不是解決問題的萬靈丹，卻能讓孩子的心靈自由，將他們拉出恐懼的漩渦，讓他們有重新開始的機會。

至少，我是這麼相信的。

1 《路西法效應》P.24，菲利普・金巴多著，孫佩妏、陳雅馨譯，商周出版，二〇〇八年四月二十三日

2 台灣出版社將 the banality of evil 譯為「平凡的邪惡」（見《平凡的邪惡：艾希曼耶路撒冷大審紀實》，玉山社，二〇一三），但我個人以為「邪惡的庸常性」這個譯法較貼近原意。

3 《耶路撒冷的艾希曼：倫理的現代困境》，漢娜・鄂蘭等著，孫傳釗譯，吉林人民出版社，二〇一一，P.51

4 同註3，P.42

5 我看過不少性平座談會的記錄文字，許多與會老師都有類似回應。

6 見〈站出來，才能阻止惡的遂行〉，陳怡文，《人本之友會訊》，P.18，二〇一三

7 〈理解，實踐的開始：一位特殊教育教師的自我批判〉，廖淑戎，《教育實踐與研究》，二〇〇七年九月，第20卷第2期，pp.187-212

邪惡的庸常性

IV

受傷
的蘆葦

在微光之中

1

車子才剛駛進院子，迎接我們的是一陣興奮的狗吠聲。曉光爸爸自屋內走出來，對著拴在門口的黑色混種狗喊道：「小白，不要吵！」

咦，這隻狗不是黑色的嗎？怎麼叫他「小白」呢？

「外面每隻黑色小狗都叫小黑，萬一走失的話，就找不回來了，」曉光爸爸引我走到屋前一只鐵籠，指著裡頭的小白兔說：「牠啊，叫小黑。在我們家，黑色的狗叫小白，白色的兔子叫小黑。」明明在說笑話，表情卻嚴肅得不得了。

走進屋內，不大的客廳裡橫擺著一張籐製沙發，舊式斑駁的椅墊花紋顯示出它的歷史。客廳裡窗明几淨，所有擺設及用具井然有序，可見屋主是個自律甚嚴的人。果然，我們才走進屋子，爸爸看到桌上擺著一碗吃剩的米粉，立刻皺起眉頭：「這到底是吃完了沒啊？還不趕快收起

IV 受傷的蘆葦　166

來！」

曉光看到爸爸斥責的眼光，來不及跟我們打招呼，便匆匆端著米粉走進廚房。爸爸看著兒子背影說：「每次要他做什麼都說等一下、等一下，真像他媽媽，好的沒學到，都學到壞的。」

其實，爸爸十分以曉光為榮，客廳置物櫃的玻璃門上貼滿了他的獎狀，說明了一切。可爸爸習慣以教訓的口吻表達關懷：「李曉光，你一直動那個幹嘛？」「李曉光，你給我過來坐好！」

「李曉光，你不要擋住電視，人家要看好不好？」曉光雖不開心，仍聽話配合。

爸爸是個很有威嚴的人。他說吃飯時不准說話，曉光就只能吃飯配電視；他要曉光下課直接回家，曉光就不敢在外面逗留，就連放假都乖乖窩在家裡打電腦。爸爸不諳手語，卻彆扭不願用筆談，他說什麼，曉光聽不懂，曉光講什麼，他搞不清，他很氣，曉光很煩，久而久之，兩人竟變得無話可說了。

廖慧嫻說，她第一次把曉光涉案的文件拿給爸爸看時，他一句話也沒說，臉上也沒有表情，完全看不出情緒。但每次學校開會、法庭開庭，他都會盡可能陪在兒子身邊，就連法官都看出爸爸難以啟齒的心事，主動安慰他說：唉，辛苦你了。

這對父子有太多外人無法了解的障礙。他們互相依賴，卻無法交心，這樣的關係，真讓人感到哀傷。

我拿出自己印的名片，上面有張小貓的照片。從廚房走出來的曉光興奮驚呼：「你養的？」

「對啊，牠叫Momo，不過已經死了。」我說。

「啊？為什麼？」他瞪大眼睛看著我。

「生病死了。」

「什麼病？」

「腎臟病。」

「你有沒有哭？」

「有啊，哭得可慘了。」

「有沒有人（陪）你哭？」我點點頭，他如釋重負般鬆了口氣。這就是曉光，一個體貼、甜蜜、善解人意的十三歲男孩。

「牠有沒有乖？」

「牠啊，才皮呢！」（這時爸爸插嘴：「跟你（指曉光）一樣！」）

我跟曉光聊起Momo的搗蛋史：偏食、咬人、撲通跳進放滿水的浴缸、凌晨跳到床上扒我眼皮……我邊說邊寫邊比手畫腳，曉光聽了頻頻大笑，甚至開心鼓掌起來，他說，他也好喜歡小貓呢。

爸爸忍不住插話：「你不是喜歡兔子嗎？小黑也是你要買的，結果都是我在養，一隻幾百塊……」曉光沒看到爸爸張口說話，繼續追問我Momo的事，爸爸乾坐在一旁，顯然有點悶，廖

慧嫻見狀主動邀曉光說：「我們出去散步，讓爸爸跟阿姨聊，好不好？」曉光馬上說好，進去房間揹了個大包包走出來。爸爸又忍不住了：「只是去散步，揹個大包包幹嘛？又不是女孩子！」

曉光沒看懂，又問了一次，爸爸轉頭看我：「你看，就是這樣，每天雞同鴨講！」曉光沒說什麼，跟著廖慧嫻出門了。

爸爸是個陽剛堅毅的男人，個性矜持，不論是外表或內在，都與斯文柔弱的曉光有很大差異。我問起他的工作，他眉眼睛亮，滔滔不絕說個不停，對自己的專業能力頗有自信。

「你會不會跟曉光聊你的工作？」

「沒有！他才不要聽。」

「你不說，怎麼知道他不想聽？」

「我說什麼，他聽不懂，每次都是雞同鴨講……反正他有事，也不會找我。」

「從小就這樣？還是現在才這樣？」

「一直都這樣。他小時候也不找我。」

「他好像比較黏媽媽喔？」話才說完，我就後悔了。沒人見過曉光媽媽，聽說她不在台灣，問曉光也說不清楚，只常聽他說很想媽媽，想去找她。

爸爸冷冷說道：「哼，以前他媽打他才狠咧，拿衣架揍。我就說，奇怪，這兒子不是你生的

嗎？……不過，曉光是很皮啦。」

然後，不輕易開口談論前妻的他跌入回憶，絮絮說起那段失敗的婚姻。他說，他最不能原諒曉光媽媽的，就是賭。

「我問，你到底要不要這個家？她說，你不要我也沒有關係啊，我回去大陸種田也不會餓死。我不喜歡勉強人家，說，那就離婚吧。我以為要到律師事務所去辦，結果她說，不用，只要去區公所就可以了。哇靠，她早知道、早計畫好了。」兩人離婚後，就沒有聯絡了。

調查小組約談時，爸爸不放心地跟著去，曉光什麼都不肯說，直到老師委婉請爸爸離開，曉光才全盤托出。「老師說他很怕我，說我聽了會生氣，所以他不敢說……什麼叫怕我生氣不敢說？都是藉口！」她媽媽也是這樣，跑去賭博不敢說，也說是怕我生氣！

爸爸小時候書沒念好，十三歲就出來工作了。他說「人生就是要獨立，不要靠別人」，是個很有肩膀的男人，就算婚姻之路摔了一跤，也鮮少提起，更不抱怨。他覺得，那不是男人該有的樣子。

「你從小就是男子漢、很man的人喔？」

「也不是啦。人本來就不要靠別人嘛，對不對？」

「所以，你希望曉光跟你一樣？」

「唉，他很容易被欺負。」

「他就是很單純嘛，心腸軟，耳根子也軟，很容易相信人，才會被欺負啊！」

「唉，他好像很怕沒有朋友還是怎麼樣，怎麼人家叫他幹嘛，他就幹嘛？」

「這個年齡的小孩本來就很需要朋友啊。何況媽媽不在身邊，又沒有兄弟姐妹，我想，他一定很寂寞。」

爸爸沉默了。

我知道，他是心疼曉光的，只是父親的尊嚴、男人的面子，讓他很難拉下臉來溫柔對待，千言萬語，都沉澱在他疼惜的眼底。當著大家的面，他總是「李曉光」「李曉光」連名帶姓地叫，可曉光才出門，他馬上就「曉光」長、「曉光」短了。

「你覺得自己是不是很嚴肅的爸爸？」

「嗯……大概是吧。我爸也這樣，我跟他也沒話說。」

「所以，曉光也什麼都不跟你說啊！」

我們靜靜坐著好一陣子，沒有人開口說一個字。

「曉光小二就被欺負了，你知道吧？」爸爸打破沉默，我點頭表示知情。

「唉，老師怎麼可能都不知道？」這不像是問句，更像是感慨。

「你有沒有問過老師這件事？」

「唉，跟這些念書的人講話很累，他們說得出一堆大道理，我根本說不過他們。他們對這種

小孩，說難聽點，根本就是把他們當動物，不理不睬。曉光在校車上看到學長欺負女生，跑去告訴老師，老師叫他不要管那麼多，趕快去坐好……靠，這是什麼老師啊！」

沉默再繼續，偌大的屋子裡，只剩電視螢幕上名嘴浮誇的謾罵聲。然後，爸爸收起滿漲的情緒，面無表情地說：「現在，我對未來已經沒什麼想法了。就……活著吧！」

● ● ●

為了爭口氣，曉光爸爸決定打國賠，幸好沒進入訴訟就協商成功了。爸爸以為只要捱過這段日子，接下去，沒有人會再記得曉光發生過什麼事。現在的世界飛速運轉，大家都患了失憶症，沒人會記得才對。

他錯了。有老師記得，記得曉光是那個「說最多」的學生。

原先爸爸考慮讓曉光轉學，張萍也幫忙四處探聽，但不是學校離家太遠，就是對方委婉拒收，曉光只得又留下來，而且又恢復住校了。有天他跟同學在宿舍聊天，房間小，人太多，他沒位子坐，開玩笑似的坐在同學腿上，巡房生輔員竟把他揪出來痛罵一頓，並以「行為不檢」為由，罰他退宿一週。

好巧不巧，那陣子曉光認識一位校外友人，兩人交換手機玩，對方把他手機弄丟了，曉光把

他的手機留下來用，卻被對方媽媽指控他偷竊，還驚動警察到校查案，氣得老師指著曉光大罵：

「每次都是你！以後你再給我出狀況，就叫你爸把你帶回家，逼你轉學！」

曉光很委屈地說，他在宿舍真的沒做什麼壞事，手機也不是他的，可是老師不聽，說他是壞孩子。他說，以前對他很好的○○老師鼓勵他，說如果發生什麼事，一定要說出來，他說了，可是沒人相信啊。他有點小難過。

有回校方召開曉光的個案會議，爸爸臨時走不開，請張萍代為出席。張萍才剛坐下來，就有人語中帶刺地說：國賠贏了，爸爸就不關心、就不來開會囉？現在小孩一個人住單人房，是有特權喔？

學校臨時更動開會時間，爸爸要上班，怎麼從外縣市趕來？曉光改住單人房，是怕他又被欺負，怎麼會是「特權」？張萍頻頻解釋，卻無人理會，只是不斷抱怨曉光不聽話、狀況多，現在除了開藥，他們已無計可施。

「曉光有什麼病？你們要開什麼藥？」張萍不解問道。

「應該是過動，我們會開過動的藥給他。」醫師如此答覆。

過動？曉光頂多是頑皮，怎麼會是過動？何況過動症究竟是社會文化虛構出來的產物，或者有確切的生物醫學證據，至今仍是個極具爭議的問題，他們怎麼說開藥就開藥？張萍要求醫師說明診斷過程，其他人馬上你一言我一語地說：這小孩問題很多，實在管不了，反正單親小孩就是

這樣，家長要負最大責任……

「去跟這些人開會好像打仗，真的很累。他們一直說曉光會這樣，都是家庭的責任。這明明是學校的問題啊！我當場就說，你們今天都應該帶著贖罪的心情來處理這件事，我真的非常非常生氣！」張萍氣呼呼地說。

我想曉光心裡一定很難受，便寫了封信給他，順道附了張Momo的照片。幾天後，他回信了……

「阿姨好久不見！你怎麼會有給我（信），我覺得真的好高興囉！！……我知道你很想念Momo對嗎？別難過！我上次談一談得很開心，謝謝你和我爸聊天。」

看完了信，不知何故，我竟狠狠啜泣起來。

2

珊珊有著一雙深黝晶亮的眼睛，見到人時總是眨著那雙日式美少女般的黑眼珠子，是個很討人喜歡的小女生。

這個聰慧可愛的女孩，從小學時就被欺負了，那些不堪的經歷，只能用「慘」來形容。D老師只要提起她，話還沒出口，眼眶就紅了。

她有很長一段時間需要鎮定劑才能入眠。她只要看到長得有點像欺負過她的人，就會仿若得了氣喘，幾乎窒息。她曾一心一意想要報仇。她一度痛苦到自殘。

逃離，是她一度採取的自救方式。她說些無傷大雅的小謊，編織無法實現的美夢，就算被人拆穿了，也無所謂。同學覺得她怪，她無從辯解，也不能辯解。她內心有種微弱的渴望，希望有人傾聽她的聲音，然而只要她試圖提起，就會被大人打斷。

那是種深層的恐懼，不知所措的處境。可是大人一再告訴她：忘了吧。

她想忘，可是忘不掉。

直到張萍與廖慧嫻將她從孤單的困境中拯救出來，她才為生命找到了春天。她們陪著珊珊一起讀《性騷擾防治手冊》，教她如何拒絕別人、保護自己，主動為她找輔導資源，聆聽她訴說被

欺負的痛苦，安撫她焦慮不安的情緒。她們像珊珊的家人。

第一次見到珊珊，是在她位於南部鄉間的家。那天珊珊人還在外頭，我先跟她阿公阿嬤聊天。阿公是個聰明有膽識的人，他說有回他起了個大早跑去學校看珊珊，已經快七點鐘了，學校大門竟然還沒開，直到他按電鈴，保全才來開門，而且宿舍裡的孩子全都還在睡覺！

「還有一次，學校找那個心理專家來上課，外國來的，教授級的，很厲害，我也跑去聽。結果來上課的老師，打電腦的打電腦，玩手機的玩手機……唉，金害！」阿公忍不住直搖頭。

他聽說「學校出過事」，一直以為與自己無關，卻怎麼也沒料到他的寶貝孫女、他心愛的珊珊竟然也是受害者！他痛苦地幾乎要抓狂。

「學校為什麼會發生這麼多事？其他學校不是沒有，可是他們為什麼這麼多？這個學校自己要檢討！我曾經當面跟那個○○主任說，你們學校真的很糟糕！」阿公憤憤地說。

最讓阿公心痛的，是他發現任憑怎麼努力，再也無法讓珊珊、讓整個家恢復到從前了。他坦承有時會痛苦到不知該如何宣洩，可是他覺得自己是一家之主，如果他倒了，其他人怎麼辦？他

阿公滔滔不絕發表意見時，阿嬤靜靜坐在一旁，不發一語，我幾次想讓她加入談話，她常說沒兩句就自動打住。直到阿公談到必須不停參加性平會、個案會、協調會、出庭而疲於奔命時，阿嬤才突然插嘴：「對啊，什麼你都自己處理，都不跟我講！」

原來阿嬤有心臟病，阿公擔心她身體承受不了打擊，一直瞞著沒說。阿嬤不識字，不會說國

語，但就算她再怎麼遲鈍，也感覺得出情況不對。尤其那段日子珊珊動不動就發脾氣，阿公又頻頻往學校跑，她把學校、法院寄來的一疊通知單全部翻出來，看不懂也拼命看，竟也拼湊出部分事實。

「我不是不明理的人，可是對方一點表示都沒有，這不是欺負人嗎？我的心真疼啊，這不是看不起我們嗎？用這種步數欺負人⋯⋯」阿嬤哽咽了。

「好了好了，過去就過去了，不用再說了，反正我都有在處理了。」阿公不耐煩地揮揮手。

阿嬤撇過頭去，賭氣地把臉轉向院子，刻意不看阿公。

這時珊珊打電話來，要阿公開車去載她回家。張萍跟我很有默契，事前完全沒套招，便主動對阿公說：「我跟你去接珊珊好了」，讓我跟阿嬤有機會單獨談談。

阿嬤跟我聊了很多，八十多年的人生歷練，她聽過、見過的事可多了，若要說此生還有什麼遺憾，就是珊珊吧。現在珊珊脾氣個性都有點古怪，沒事就衝著她使性子，讓她又氣又難過。

「照理說，做孫的怎麼可以對阿嬤這款？可是我都讓她，我想說只要她心內爽快，就會好一點。可是我真的覺得很委屈，阿公什麼都不跟我說，珊珊又一直罵我⋯⋯」然後，阿嬤哭了。

她說，珊珊回家只會看電視，她覺得小孩子正在發育，應該多睡覺，珊珊心煩怒嗆：「我的事不要你管！」珊珊沉迷電腦及網路交友，阿嬤要她別在外面「黑白來」，珊珊凶她：「都是你讓我去念（這所學校），我才會這樣⋯⋯都是你害的！」

「她發生這款代誌，我的心真的很痛。學校沒有往上上報，是因為他們會怕，如果他們馬上處理的話，怎麼會一直發生？」阿嬤一臉憂傷地問我：「老師跟我說，是珊珊她自己去找人家，人家才會對她阿捏……甘係金ㄟ？」

「絕對不是！阿嬤，你不要聽他們黑白講！」

「我也是這麼想啦。可是他們是學校的老師捏，老師甘ㄟ講白賊？」

我無言以對。

‧

‧

‧

原本懶洋洋地趴在門口的小狗小旺突然站起來，對著馬路拼命狂吠。是珊珊回來了。

她見到我嫣然一笑，有點羞澀地挨著張萍坐下，迫不及待打開張萍寫給她的卡片，一字一句讀著，臉上漾起幸福的笑意。

「謝謝阿姨！」她的口語表達能力很好，清清楚楚的。

張萍指指我說，這個也是阿姨啊，陳阿姨。她對我淺淺一笑，說了聲陳阿姨，拿在手上貼滿碎鑽、bling bling的手機晃啊晃的。

我用曉光教我的手語，打出「很高興見到你」。她眼睛瞪得大大地望著我，立刻對我劈里啪

啦比起一串手語來。

「對不起，我只會幾句而已耶。」她眼神瞬間黯淡下來，看來很失望。

我說，你的手機好閃喔，誰買的啊？她指指張萍，我露出「不會吧」的表情，張萍才解釋說，珊珊借別人的手機聊天，打了一萬多塊錢電話費，阿公阿嬤簡直快氣炸了。張萍覺得對珊珊這個年齡、又是聽障的孩子來說，手機是與朋友聯繫很重要的工具，便把自己的新手機送給她。

「哼，張阿姨對你特別好，她都不會送手機給我。」珊珊笑了起來，烏黑的大眼睛直盯著我看。

我問她，你們家小旺為什麼都不理我，見到我掉頭就跑？牠是不是只喜歡像你這樣的小姑娘，不喜歡我這種老太婆啊？

珊珊大笑說，你不是老太婆啦。她一把將小旺捉過來，親暱地又搓又揉，讓牠輕輕趴在她腿上，再慢慢把我的手拉到小旺鼻子前面。起初小旺有點抗拒，後來就主動過來舔我的手了。我學珊珊用指背輕輕撫摸小旺的背，牠舒舒服服地把眼睛瞇成一條線，張嘴打了個好大的呵欠。

「牠現在喜歡你了。」珊珊開心說道，明亮的黑眼珠閃出點點光芒。

我們坐在院子裡東扯西聊。她說現在放寒假，她超開心的。她不喜歡上學，喜歡跟朋友聊天逛街，喜歡上臉書，可是前陣子大概是玩太凶了，老師要阿公切斷家裡網路，現在只能跟著阿嬤看電視節目《風水世家》，她覺得好悶喔。

「你知不知道，你小時候生病差點死掉，是阿嬤把你救回來的？」她瞪大眼睛，說不知道。

阿嬤告訴我，珊珊三個月大時嚴重黃疸，全身起大量紅疹，就連台北的大醫院也束手無策。

他們節衣縮食，努力攢錢餵珊珊吃一罐五百塊的奶粉，一天一罐，所有想得到的藥或偏方都試遍了，珊珊的病就是不見起色。急瘋了的阿嬤力排眾議，把珊珊抱去給鄰村一個「沒牌」的女醫師看，沒看幾次，珊珊的病竟逐漸好轉起來，可她身體是好了，耳朵卻壞了。

「這個，阿嬤沒跟我說。」阿嬤只會說河洛話，珊珊只會說國語，這是橫在她們祖孫之間最大的障礙。

「阿嬤很關心你耶，你知不知道？」她點點頭，卻前言不搭後語地說，阿嬤生氣的時候會一直念一直念，阿公擔心阿嬤心臟病發作，都不會回嘴，好可愛！

然後，她悄悄說了些小少女的心事，要我絕對不可以說出去。我在嘴上比出拉拉鍊的手勢，她哈哈大笑。

「你們兩個哪有那麼多話好講啊？」阿公笑嘻嘻地走過來，「在聊什麼？」

「祕密！」說罷，我對珊珊眨眨眼，她又大笑起來。

3

「關心」是門很深奧的功課。每個人都有自己表達關心的方式，有人叨叨絮絮，有人靜靜守候，有人加油打氣，也有人義憤添膺，拔刀相助。

我不知道自己能為這些孩子做什麼。

有一陣子，珊珊常打電話或傳簡訊給我，通常沒什麼事，不外是要我替她查火車時刻表，替她打電話給醫生掛號，或說她心裡好煩不想上學。我只能有一句沒一句地安慰她說，沒辦法啊，要忍耐啊，說完都覺得自己廢話連篇。

後來，她開始跟我談些比較私密的事了。她很苦惱，我也很苦惱，不知自己該「涉入」到什麼程度，畢竟我沒受過心理諮商或社工訓練，對她的了解也有限，很擔心會幫倒忙。

她與阿嬤的關係始終是個難題。她已練就得把阿嬤當空氣一般透明了，阿嬤說的話，她高興就回，不高興就當耳邊風。她很愛阿嬤，但看到阿嬤時卻難受極了，心裡真正想說的，到了嘴邊全變了樣，情緒在極度的兩端辛苦奔波。她覺得好累。

某天大清早，她連續傳了好幾通簡訊給我，說她與阿嬤發生嚴重衝突，有理講不清，要我向阿嬤解釋，末了加了句：「你說的，阿嬤一定會信！」

我不覺猶豫起來。有次珊珊北上看病，我擔心她們一老一小人生地不熟，便自告奮勇表示可以陪同，那天阿嬤跟我聊了很多，我感覺得出來，她很信任我。這次她與珊珊發生衝突，我這個外人到底該不該插手？我硬著頭皮打電話給阿嬤問究竟，果然，她的說法跟珊珊完全兩樣。我不知如何是好，只得向張萍求助。張萍說她有時間會去問，然後，事情就神奇地「搞定」了。

我覺得張萍很像千手觀音。她除了辦公室例行工作，還要研究處理全台各地校園申訴案，幫忙打官司，照顧孩子情緒，當他們的朋友、社工及心理醫師，還要當家長的朋友、社工及心理醫師。她一天只有二十四小時，究竟是如何辦到的？而且我從沒聽她抱怨過，一次都沒有。珊珊阿嬤跟我提起張萍，也是一再誇讚說，怎麼有這麼好的人啊，不為名又不為利，還好有她這種人，讓媒體知道有這種事，讓校方有壓力被提醒，要不然，不知道有多少人會被害！

剛認識張萍時，聽她講陪伴孩子的歷程，很像在聊《六法全書》，理性而嚴肅，完全不帶感情。我心想，哇，這人好厲害，可以用如此鎮定的口吻回顧痛徹心扉的事。後來或許是比較熟了，有時她提起某件事或某個場景，眼淚便簌簌自臉龐滑下，久久無法言語。

有回她從背包掏出一只布製小錢包，獻寶似的拿給我看說：婉柔做的，她很厲害喔，做了好多個，送給我們人本義賣耶。我接過錢包，褪色的外表，看得出長年使用的痕跡。她把錢包擱在手上把玩了一會兒，用手輕輕拍打錢包表面，像是要拂去灰塵似的，再小心翼翼地放回背包。

她的社會形象有點爭議。有人（像我）覺得她很像俠女，也有人（像部分教育部官員及學校

老師）覺得她愛炒新聞。可是她不在乎，一點都不在乎，她在意的只有孩子，也只有在提到孩子時，她才會情緒激動，無法自已。她聊起過去只顧著幫婉柔打官司，沒有替大文求情，直到學校又出事，她才想到大文可能也曾經受害時，竟自責地哭出聲來。唉，就算是俠女，也有脆弱的時候啊。

「你怎麼碰到的都是這種案子啊？要是我的話，我絕對撐不下去。」我說。

張萍先是翻翻白眼，說了些「拜託喔，我也不想這樣好嗎？」「反正我是自找苦吃啦！」之類的話，而後才認真回答：「像我們這種工作的替代性很低，很多事，別人真的做不來，要上手也不容易。唉，反正看不下去，非做不可，就⋯⋯有毛病啊！」

感謝老天，世界上還有像她這種「有毛病」的人。

丈量良心的尺度

1

從高鐵站下車一路趕到法院時，凱林媽媽在大廳裡像是正在與人交涉，旁邊站個扛著攝影機的人。凱林遠遠站在一邊，看來有些不知所措。

「怎麼回事啊？」我把媽媽拉到旁邊，低聲問道。

「就記者啊。唉，我也不知道怎麼辦……」媽媽一臉苦惱地說。

凱林媽媽是少數願意面對媒體的家長，也有過幾次受訪經驗。她曾在記者會聲淚俱下訴說內心的痛苦煎熬，也曾參加談話節目指責校方的推託卸責。這回是發生了什麼事？

「他們從我們家一路跟拍到學校，然後又跟到法院來……我跟他們說不要再拍了好不好？這樣對小孩子不好，他們一直說不會啦，一定會上馬賽克。一台機器跟了我們半天了，我是覺得說已經拍那麼多，夠了啦。」

「他們是怎麼找上你的？」

「張萍說有記者要採訪家長，問我願不願意，我想說好啊，只要讓更多人知道學校的事，是沒有關係啦。可是這樣一直跟一直跟，我是覺得很誇張啦，以前的（記者）都不會這樣。」

記者應該沒有惡意，電視新聞不能只收音，沒有畫面，所以希望媽媽能站在攝影機前講點話，如果可以的話，順道也訪問凱林。他們再三保證，一定會盡到保護的責任，絕不會曝光，媽媽雖不情願，卻開不了口。

「如果你覺得不舒服，可以拒絕啊！」

「我答應過張萍跟慧嫺，只要需要我幫忙，我一定配合。」

「她們絕不希望你勉強自己。」

「我知道啦，可是我虧欠人本太多了。」媽媽是很重承諾的人。

這時記者又走過來說服媽媽，一面勸說，一面就逕自將麥克風往媽媽身上掛。媽媽勉為其難地戴上口罩，背對著攝影機，配合地說了一小段話。（張萍得知以後非常自責，要求對方將這段新聞畫面從網路上撤下來，對方也很配合地照辦了。）從頭到尾，她沒有失控，沒有情緒崩潰，只是客觀地描述事實。她怎麼能如此冷靜？

「沒有喔，剛開始的時候，我也是每次講每次哭，是到後來才慢慢習慣的。反正哭也不能解決問題。」她告訴我，很多家長也很想出來，可是不敢，怕被貼標籤，怕會害到小孩。「不像我

啦，我是覺得又沒做什麼壞事，是沒有在怕的。如果不是怕會影響到小孩子的話，我才不要戴口罩、戴漁夫帽咧，看起來好好笑。」

雖然戴著帽子，外加口罩，但還是有鄰居認出凱林媽媽來，因為她美麗的髮型與戒指。

「ㄏㄡˋ，我簡直快昏去了！後來想想，那就是我啊，不然要怎麼辦？」

凱林媽媽很有正義感，也很有勇氣，因為凱林無法親上火線，她決定代子出征，也代替其他孩子及家長發聲。不過，像她這樣願意挺身而出的，是少數，多數當事者寧可選擇沉默，以免受到精神凌遲。

為什麼要說出來？把一切都說出來，好嗎？為什麼要把最私密的傷痛公諸於世？

我知道有孩子告訴爸爸自己被欺負，爸爸跟他吵了一架；他告訴媽媽，媽媽要他別再提了。他很痛苦，必須找到宣洩的出口，於是偷偷告訴同學，老師知道了竟諷刺他說：「自己到處講，哪像受害啊？」

很多人對「受害者」有種純潔的、可憐的想像，認為他們必須是畏縮的、沉靜的，就算有愉悅也不能表現出來。這真是殘忍的要求。我永遠記得耀華聊起最愛的跑跑卡丁車時，臉上露出的興奮紅光，也不會忘記珊珊追著小旺又跑又跳開心的模樣。他們有時歡笑，有時快樂，不表示內心就沒有痛苦創傷。他們必須找到支撐自己活下去的力量。

出身愛爾蘭勞工家庭的凱西‧歐拜恩（Kathy O'Beirne）從五歲就遭受凌虐及強暴。她年紀

小，什麼都不敢講，可是長年慘痛的記憶憋在心裡，就像是隨時會爆發的火山一樣，讓她痛苦到想要自殺。直到長大成人，隱藏多年的傷口逐漸重見天日，她決定承認自己的無助與害怕：「我覺得應該公開自己的遭遇……我心裡在吶喊……公理正義……睜一隻眼、閉一隻眼，不是過日子的方法。」（註1）

勇敢說出來，有時是為了別人，更多時候是為了自己。性侵倖存者米樂生·柯林渥斯（Millicent Collinsworth）說：「性虐待或強暴的受害者就好像番祭的存活者，他們必須說出來，因為說出來的過程具有一種清淨作用，是對自我的再確定與肯定。（註2）」作家南方朔曾用「疤化」（註3）這個概念，說明受害者說出被性侵經驗的必要性——唯有讓傷痕腐熟爛盡地脫落，才可能長出新肉。

對年幼又有口難言的聽障生來說，「說出來」尤其重要，他們必須認識性侵是什麼，用言語或文字表達出來，才能解除罪惡感及羞恥感；他們必須感受痛苦、讓羞恥感成為過去，才能撫平內心的裂縫與空洞。這是他們讓痛苦被外界理解的機會，也是勇者才做得到的事。

然而很多（大）人卻不這麼想。他們嚴厲下達封口令，要孩子乖乖閉嘴，不要多說，否則會被看不起，一輩子抬不起頭來。這樣的擔心，這樣的猶豫，究竟是為了孩子著想，還是源於對真相的恐懼？或許，是真相太教人屏息、太教人不知所措了，我們還沒準備好傾聽孩子的聲音，寧可他們保持沉默。

2

打破沉默、揭發事實，是走向療癒的重要步驟。但也有人不以為然。

事發之初，官員便要人本「對學生的隱私權有深深的憂慮」，質疑「難道學生應該被二度傷害？」（註4）被媒體大幅報導「對學生的隱私權有深深的憂慮」，質疑「難道學生應該被二度傷害？」，也有聲障團體對於事件學生身分，小元爸爸也說：「張萍很保護小孩，從來不提他們的名字，有些小孩是誰，連我都不知道。」

人本有沒有保密？有沒有造成二度傷害？至少就我了解，他們保密功夫做得極好，不曾洩露

的確，如果揭露真相時態度不夠謹慎，方法不夠細膩，受害學生身分曝光，可能會成為一輩子洗刷不去的汙名。然而當性／性侵被塑造成恥辱的印記，甚至被賦予道德的枷鎖，是否反而會成為受害者被控制的手段？正如史英說的：「有人說，我們可能對學生造成二度傷害，我覺得不會，因為如果真的去接觸他們跟家長就會知道，沒有什麼傷害會把他們現在的處境傷得更重！」反倒是校方曾在接受平面媒體採訪時，透露不少足以辨識涉案學生的特徵，讓他的身分差點曝光。（註5）

外界對公布真相的疑慮，倒非憑空想像。記者瘋狂追逐當事人，把他們的一舉一動變成賣

點，將受害者的傷痛與淚水當作高潮，我們已經太熟悉了。聲暉聯合會祕書長江俊明指出，這是「台灣特殊教育一百二十年最大的傷害」「南部某特教學校，全台灣誰都知道他是什麼，但是我們又難以對號入座，這是我覺得媒體對我們不公平的地方。」（註6）

公開，會對某些人造成傷害，不公開，會讓孩子繼續受害，到底該怎麼做？是難解的矛盾，也是價值的抉擇。人本不是不了解揭露事件的風險，為了避免重蹈覆轍，他們不得不有所取捨。其實以人本手上掌握的資料與證據，他們大可直接公布校名，也不會吃上誹謗官司，但他們沒這麼做，就是怕外界模糊焦點，把事件簡化成是「特教學校」「特教生」特有的問題。只是這樣的善意卻一直被媒體忽略，只是一再繞著受害人數、受害情節、家長的眼淚、人本的指責、校方的辯解等問題打轉，不斷地重複又重複，光看這些零星片段的報導，既無助於了解事件全貌，也加深了校方對人本的惡感。

凱林媽媽談起上節目的經驗，也是語多感歎：「我覺得主持人對這個議題不熟，錄完節目以後我是有點後悔啦，我跟慧嫻說，怎麼好像都沒有講到重點？」廖慧嫻也說：「對啊，rundown的問題都不錯，怎麼後來都沒問？」

這也是人本的無奈：明知喜於獵奇的媒體可能抹除揭露事實的意義，最後只剩下雞零狗碎的閒言閒語，卻又不得不冒點風險，借力使力。每次開記者會，媒體便有如正義之士，疾言厲色控訴不義，可是過沒幾天，新聞價值消失了，正義便有如過季時尚，被徹底掩埋在新的流行裡，消

失不見了。

一窩蜂的、簡化的報導只是無趣無聊，還不至於駭人；真正駭人的，是認真過頭、鍥而不捨的媒體。有記者從張萍那邊打探不到線索，竟透過臉書採訪到一位受害孩子，還好，孩子的照片打了馬賽克，一般人應該認不出來（註7）。我急急發簡訊問孩子：「你為什麼要答應接受採訪？」他天真地回說：「因為你們都是好人呀！」

我很慶幸現在新聞的壽命都很短，並暗自禱告看過的人馬上忘掉。

3

今天的新聞，到了明天就變成舊聞，就成了歷史。而記者向來對歷史沒什麼興趣。

多年來與媒體打交道的經驗多了，張萍深知記者喜歡什麼，不喜歡什麼。可是為了讓議題見報，總不能老靠找立委、開記者會，這不是長久之計；何況記者會一不小心就會淪為苦難表演秀，就像艘沒有舵的船隻在海上隨風漂流，即使主辦者力挽狂瀾，也未必能扭轉局勢。馮喬蘭與張萍曾一度考慮找人拍攝紀錄片，也有導演表示高度興趣，只是涉案大人不願意配合，受害小孩

及家長又不可能曝光，怎麼拍？計畫談到一半，就不了了之了。

所有能做的，人本都做了，能試的法子，也都試了，教育部就是文風不動，學校依舊消極以對。然而不甘心的情緒不曾隨著時間而消失，張萍總是想，只要再多做一點什麼，或許就會有所改變；何況受害家庭的苦難未因新聞退燒就結束，難道期待學校改變，註定只能悵然想望？

四月初一個春寒料峭的日子，張萍在臉書留下一段極其哀傷的文字，一看即知是為了這件事。我私下去信問她，她不改俐落爽快作風，只簡單回了句：「陪○家開調解庭，女生家長求償」，就沒了。

隔了幾天，她說把那天過程全寫在臉書上了，要我上去看：

「我們處理南部某特教學校大規模性侵事件已經快三年了，這段時間我們馬不停蹄地陪著跟我們求援的家長及孩子們，不管是以受害身分還是加害身分，出席學校的、婦幼隊的、地檢署及各地法院的各式調查或偵查。有時長達三個多小時反覆偵訊，讓疲憊又恐懼的孩子在結束訊問時，充滿期待的眼神問：『這是不是最後一次？』我常常無言以對，也不忍告訴他們：『後續還有法院要調查。』明明知道整件事情裡該負最大責任的共犯結構，都是學校裡長期隱匿不報的教職員，以及沒有盡到督導責任的教育部主管，然而真正面臨刑責一再折磨的，卻都是這些家長及孩子，無論是受害人，還是受害轉加害人，而這正是我們的法律程序。

「雖然在去年，我們成功協助了三個受害人或受害轉加害人向特教學校取得國家賠償協議，今天，卻是第一次陪孩子及家長出席法院的民事調解庭。還記得不久前，家長沮喪地來電告知，又收到傳票了，不知道是什麼事，也不知道對方是誰？雖然隱約感覺是民事賠償事件，我們也只能陪同到現場了，才能得知端倪。那天我提早去法院報到，看到單子上共有三個被告，但有一人缺席未到。我遇到另一個被告的父母，兩人都放下工作陪孩子到場。媽媽抱怨說：收到法院的通知很緊張，打電話去學校問，學校不但一問三不知，還說：資料都在學校，要看就到學校看！媽媽著急地說：『學校寄來的性平事件調查報告根本看不懂。』還說：『一直到出事後，才想起來，以前一直有人暗示：不要讓孩子去讀這所學校。可是當時怎麼會聽得懂？』媽媽比著頭部說：『孩子還曾經被王姓宿舍組長打傷！』爸爸接著說：『一點皮肉傷，沒什麼。王組長才壓得住學生！』

「九點半調解庭開始，主持人無奈地說這已經是他處理的第三件了，並說，聽障的受害孩子非常單純、善良，都很願意原諒同學，不予追究，他認為修復關係是很重要的。一開始，先由原告的父親發言，他引台語俗諺說：『兩院不要走，一個是病院，一個是法院。』他是不得已才會來法院提告。他說：女兒自小學就送到聽障學校住校，在該校讀了十多年，發生這樣的傷害，事後都沒有任何家長跟他聯繫、向他道歉，孩子的七十五歲阿公心裡很不服，吞不下這口氣，堅持

「被告父母說，學校寄發的性平報告都是代號，他們完全看不懂，也不知道是誰。知曉

後，當場都向原告父親道歉，請求原諒，並說：『如果是我的女兒發生這種傷害，我也會一樣痛心。』原告父親完全不知道學校被監察院彈劾了十多人，也不知有九十多個孩子受害，更不知

道其中許多加害者也曾經是受害人，但是，站在一個聽障生家長的心情，最後他忍著傷痛緩緩地

說：『為了保護孩子，同意不再追究，不要讓這兩個孩子留下不好的記錄。』兩個被告孩子立即

站起來向原告父親鞠躬道歉，用不清楚的發音說『對不起！』這時，雙方父母都流下眼淚……

「看到這一幕，我無法控制我的淚水……其實，這三個家庭不都是受害者嗎？

「我明白他們的委屈，我聽過好多好多聽障生父母說過，他們當初老遠送孩子進這所國立特

教學校就讀，都是為了讓孩子有更美好的未來，都是擔心自己身故之後，孩子是否能獨立生活。

他們期待孩子在特教專業協助下，即使不能報效社會，最起碼也能養活自己，不要依賴別人，這

不過是一個最卑微的請求。即使在參觀特教學校前後，不時有校內外人士暗示他們，最好不要讀

這間學校，或是，最好不要住校。然而，誰會想到這所學校竟然如此不堪，數十年來性侵害不

斷，有男老師對男學生、男老師對女學生、學生對學生……

「更可怕的是，學校早就知情，而且習以為常，見怪不怪。還可以大剌剌地說：『學校不能保證學生的安全！』『學校沒有通報的疏失，沒有管理上的疏失！』『你們在乎的是學生，我們在乎的是公務員（教職員）。』所以，學校非但知情不報，也沒有告訴家長：孩子已經受到學長性侵害，更沒有找專家諮商輔導雙方。久而久之，孩子由受害人轉為加害人，當父母知情時，孩子已經犯下大錯，開始面對司法一一追訴。這些父母信賴政府和學校的結果竟是這種下場，情何以堪？他們只能一再自責沒有聽出早年的各種『暗示』，自責沒有早點把孩子帶離這間可怕的學校……然而，這究竟是誰的錯？是誰對不起誰？

「真正犯錯、該道歉的人，從來不需要來到法院接受調查，更不需要一一向他們深深傷害的孩子及家長鞠躬道歉，或者說聲『對不起』……

「離開法院前，原告父親對另兩位被告家長說：『拍謝！給大家添麻煩多走這一趟，回程請慢慢開車……』就在今天，我看到三個心碎的家庭，彼此體會對方的心情而互相道歉，這是多麼高貴而善良的百姓啊，然而，誰來修復他們破碎的心？」

張萍情緒激動，是因為對方的殘忍踩到她正義的底線，迫使她一再想有所行動，如果不是她著意護持，拒絕遺忘，整起事件早就跌進歷史裂縫裡，無人聞問了。可是，她已經做了那麼多，到底有沒有用？現在，她還能做什麼？

當然，以張萍的個性，她不可能讓自己閒著。事隔一個多月，她說人本正在籌備研討會，從個案探討、教育結構及國家體制等角度分析特教學校事件，並企圖指出解決之道。「辦研討會的錢還不知道在哪裡咧……反正，就先辦了再說，錢的事，讓喬蘭去操心。」

這女人真是熱情天真，不知江湖險惡，無論何時都能從她眼瞳看見點點火光。

「你覺得教育部或學校會有什麼反應？」

「不知道。可是小孩還在那裡受苦，我不能見死不救！」她篤定地說。

「你們已經開過那麼多次記者會，他們都置之不理了，就算辦研討會，他們會因此而改變嗎？」我不想洩她的氣，又不得不說點真心話。

張萍望著我，似乎跟我一樣被這個問題嚇到……「可是……我不甘心！」然後，她哭了。

我覺得自己真是殘忍到了極點。

還好，研討會那天來了一百多人，幾乎坐無虛席，這至少證明還是有人關心的。張萍見到我，立刻翻開大會手冊序言要我看：「史老師寫的。唉，他怎麼會寫成這樣？我沒想到他會寫成這樣……」

向來砲火猛烈、毫不留情的史英，以抒情筆法寫下他的感慨與期待：

「紀德在《地糧》裡說：『不是同情，而是愛。』若是出於同情，我們會辦救濟院；然而我們辦了學校，這就證明，是出於愛。因為愛，我們便了解，即使身心功能和一般不同，他也想要學習，也能夠學習，也會成長為我們之間的一分子，而且終於能和人們相互扶持──是『相互』，而不是只能等著別人施以援手！

「……然而，要在人間實現愛，並不是容易的事情。再一次地我們看到了，我們最大的敵人，正是我們自己：在這『以愛（而不是同情）之名』所辦的特教學校裡，發生了不幸；在尋求補救的過程中，出現了許多不該有的困難……在這艱難的路上奮力前進的同時，我們考驗著我們自己：生而為人，我們不斷地質疑，這些不幸，真的是來自於所謂『人性』而終於無法避免嗎？還是只要願意檢討反省，我們就能慢慢地進步？犯錯的人，只能無奈地接受處分或逃避處分，還是也可以拿他們的經驗來啟發他人，讓我們大家都能變得更對一些，更好一些？」（註8）

研討會上，張萍負責報告案件始末。她以冷靜到近似冷酷的語調，逐一訴說案件數量、受害人數、受害地點、老師反應及官方回應。我知道，她不是冷靜或無感，而是情緒已經飽漲到了臨

界點，只要鬆懈下來，就足以讓感情潰堤，她不得不極力克制住情緒，別讓自己失態。

那天最令我驚訝的，是東華大學蕭昭君教授提到，她有位學生是那所特教學校畢業的，他告訴蕭教授說，有位學姐不幸遭到學長性侵後，為了報復與自己不和的女同學，竟唆使欺負她的學長性侵對方！

窗外是將近二十八度的氣溫，我感覺像是突然被扔進冰水裡，所有驚訝的、憤怒的、憂傷的情緒全都結成了冰塊。

「我一直在想，她為什麼要這麼做？後來我想，可能是他們被侵犯了以後，沒有人能夠理解，或是幫助他們解除這樣的痛苦，所以當他們又感到痛苦的時候，不知該如何宣洩，只是出於本能地想讓別人嘗嘗痛苦的滋味，所以就去侵犯別人，或是叫別人去侵犯人……或許，這就是我們看到很多『受害人』最後會變成『加害人』的原因！」說著說著，蕭教授有感而發：「張萍常跟我討論這件案子，每次半夜我們透過網路討論的時候，我都有種『孤臣無力可回天』的感覺，覺得人本很孤單……」

那天D老師為了研討會也特地北上。我以為他只想靜靜當個聽眾，沒想到開放討論時，他竟主動起身表明身分：「為了今天要講什麼，我已經準備很久了……」

現場頓時鴉雀無聲，那是種古怪的、讓人畏懼的寂靜。

D老師緩緩道出外界難以置信的場景、無法想像的情節，令現場驚呼連連。他也提到這段時

間承受的壓力與屈辱，同事的孤立與排擠：「現在回想起來，我覺得自己算是蠻勇敢，也蠻堅強的。只是我不知道在這種情況下，自己還能撐多久……」這番誠摯的發言，立刻贏得全場澎湃的掌聲，彷彿是在跟他說：我們挺你！D老師靜靜坐著，嘴角不時微微顫抖。

研討會結束時，太陽已全然西下，夜幕低垂。我們一起走出會場時，D老師告訴我，他一直覺得自己是孤軍奮戰，沒想到校外有這麼多人支持他，他感到很安慰，也讓他有了繼續奮鬥下去的勇氣。

我眼睛一酸，不知該如何接話，只好拍拍他肩膀，俗氣地說了聲：「加油啦！」這時忽然下起小雨來，迷迷濛濛，把整個向晚的天空織成綿綿密密的網。他微微一笑，禮貌地向我道別，隨即消失在下班擁擠的人潮與車潮中。

1 《地獄童年》，凱西‧歐拜恩著，謝儀霏譯，台灣商務出版社，二〇〇六

2 引自《暗夜倖存者》，徐璐，皇冠出版社，P.53，一九九八

3 〈祝福所有艱苦成長的孩子——代序二〉，南方朔，徐璐《暗夜倖存者》，P.23，一九九八

4 〈學生隱私應在言論自由之上〉，莫素娟，二〇一一年九月二十六日，聲暉聯合會新聞稿

5 為避免讀者循線追查，在此我不引用、也不透露新聞出處。

6 〈特教學校性侵新聞處理孩子受害〉，公視手語新聞，二〇一一年十月七日

7 同註5

8 〈自有生命以來〉，史英，見《聞聲救苦從何做起？從南部特教學校性侵案開始》研討會手冊，PP.4～5，二〇一三年五月四日

V 一座孤獨的島嶼

咫尺天涯

1

二〇一三年的腳步剛邁入夏天時，監察院邀請張萍擔任「從教育體制看台灣婦女人權」會議教育場次的引言人。因為只有十分鐘，根本說不了什麼，她打算藉此機會了解學校現況。

「前幾陣子到學校開小孩個案會議，校長看到我哭喪著臉說，張主任啊，這學期又發生十幾件案子，怎麼辦？我心裡想，ㄟ，這是你們學校耶，怎麼問我啊？」

她嘴上說得平靜，心裡焦急得要命。

她已經很久無法獲知學校情況了。事發之後，不僅討厭她的老師防著她，就連過去還算友善的老師也頻頻抱怨：「拜託你們不要再開記者會了好不好？我現在都不敢承認是這裡的老師，覺得好丟臉！」後來她從側面得知被彈劾及懲處的主管依舊掌管校務，沒有被換掉，教育界人士也私下向她透露：「學校那批人依然故我，而且，沒有任何人被解聘。如果不換掉，恐怕很難改變

什麼。（註1）她聽了，更憂心了。

監察院這次召開會議，教育部特教司會派代表答覆提問，張萍想知道教育部輔諮小組無疾而終以後，究竟是誰負責輔導？成效如何？案件是否已獲得控制？教職員的手語能力是否有所改進？

特教司回應了五張A4大小滿滿的文字，大致可歸納為以下幾個重點：

一、該校與所屬大學組成「校園性平專業諮詢小組」協助改善性平教育知能，並由教育部及該所屬大學共同監督：

二、該校二〇一三年一～五月性平事件總計通報十三件，其中十件屬性平事件，三件不是；

三、該校從一〇〇學年度起，要求新進教師及代理教師手語能力須達初級程度，正式教師則是中級，全校同仁皆通過性平手語基本名詞檢定。

四、該校一〇〇學年度總計初級輔導2863人次，次級輔導78人次，三級輔導990人次；一〇一學年度統計至五月十七日止初級輔導3519人次，次級輔導57人次，三級輔導489人次。

從特教司的回應看來，案件量是減少了，老師手語能力也被重視了……即使這都是最基本、早就該做的事。不過通篇回應只見大量數字，卻不見質化衡量指標，例如張萍問輔導成效，特教司以開過幾次會（數字），進行幾次討論（數字），輔導過多少人次（數字）作為回應，看來看去，全都是實問虛答。到底主事者有沒有清楚掌握問題？有沒有分析問題的方法與能

力？這樣的報告根本經不起具體問題的考問，就已經破綻百出了。

至於張萍追問隔了九年才在二○一二年底被迫進行的「全國性特殊教育學校評鑑」結果，特教司說明如下：

「一○一年十、十一月辦理『一○一年度特殊教育學校校務評鑑』，該校於一○一年十一月二十二日完成校務評鑑，評鑑具體內容：以『項目→指標→參考效標』三個層次進行設計。

其項目有七項：（一）校長領導（二）行政管理（三）課程教學與實習輔導（四）學務輔導（五）環境設備（六）社群互動（七）績效表現；本次評鑑將性別平等教育、法定通報事件（如：性平、校安、中輟等）、內部控制制度、個別化教學計畫、轉銜輔導、維護校園安全計畫等項目納入評鑑指標與參考效標，並由評鑑委員針對學校各項缺失提供詳細改善意見，相關缺失亦納入教育部專責行政督導小組會議中列管改善情形。」（註2）

到底該校評鑑結果是什麼？是甲等、乙等、還是丙等？至於「相關缺失」是什麼？「改善情形」又如何？特教司全都語焉不詳，說了半天，等於沒說。

如果該校經過整頓已步入正軌，評鑑結果大可公開，沒什麼好隱瞞的。特教司避重就輕的回答，反而讓人懷疑是評鑑結果不佳，才不敢對外公布。問題沒有解決，又回到了原點。

這樣顧左右而言他的回覆，並沒有讓張萍特別訝異，她只是不知該感到憤怒，還是輕蔑：

「我們一直主張讓專業團隊進駐學校，就是這個道理，要學校或教育部自己改變？不可能嘛！如果他們反對專業團隊進駐，至少在問題沒辦法全面控制之前，就不該再招收新生啊！」

我腦中飛速滑過許多畫面。某老師聲嘶力竭地控訴：「如果沒有學生敢來念書，就算有專業團隊進駐學校，又有什麼用？」某律師的名言：「你們在意的是小孩，我們在意的是公務員」，加上特教司四兩撥千金的說詞，一個個緊扣的環節接二連三浮現，全都對上了意義：他們想要的從來不是正直、不是誠實，而是穩定沒有改變，任何足以攪動平靜無憂日子的做法，他們都無法接受。

他們從來沒把孩子放在眼裡。

2

《永不放棄》（Won't Back Down）是部取材自真實事件的電影，劇情描述兩位母親為對抗教育系統對身障生的歧視，赤手空拳挑戰僵化官僚體制，就算周遭冷眼旁觀、大潑冷水，她們也

沒有放棄。其中有位母親說：「時間是有限的，現在孩子還有希望，之後就太晚了，所以我們現在就要採取行動，解決問題。」

幾年來，人本及家長不知開了多少次記者會，向教育部檢舉了多少次，向法院按鈴申告涉案公務員至少兩次，全都有如以卵擊石，激不起太多回應。原本他們以為這個社會正在解凍，正在冒芽，那麼多的街頭抗爭、公民運動遍地開花，隱隱約約有種春暖花開的態勢，特教學校發生如此離譜的事，應該有很多人關心才對。可是見諸媒體的新聞有如平地一聲雷，轟隆一聲巨響，就沒了，而且整件事聽起來太不可思議，近乎不可能，讓人難以相信這一切都是真的。

在那段困頓、找不到出路的日子，南韓的「熔爐效應」，彷彿為他們找到一線曙光。

南韓光州仁和社會福利特教學校是所家族經營的聽障學校，二○○六年，有女學生向管理宿舍的全應燮老師泣訴被師長性侵，全老師在震驚之餘立即向校方反應，不料卻被誣告他性侵學生

——原來，包括校長及校長弟弟在內六位職員，全是性侵學生的加害者！

全應燮知道自己必須走入黑暗，卻沒讓黑暗進入他。他向光州身心障礙家庭問題諮商中心揭發此事，立刻引發民眾憤怒，包括婦女、教育、人權等四十多個團體組成「性暴力對策委員會」，決定替口不能言的聽障生討回公道。但是就算警方及國家人權委員會確認學生受害，最後校長及總務主任仍被判緩刑獲釋，其他狼師也因過了七年公訴期得以全身而退。

民間團體並沒有放棄，仍舊持續不斷地抗議、請願與陳情，不曾間斷。直到六年之後，「南

韓國民作家」孔枝泳在報端看到該案開庭的新聞提到：「被判處輕刑，並得以緩刑，翻譯成手語的瞬間，法庭內充滿了聽障礙人士發出的驚呼聲」，短短一段話，勾起她探究的興趣。她透過管道與學生相處了十天，深入了解受害者的痛苦與心聲，寫下《熔爐》這部小說，隨即引起全國轟動。不久，導演黃東赫根據小說拍成同名電影，更是瞬間點燃人民怒火，主動發起百萬人連署，要求警方重啟調查，嚴懲性侵老師，「熔爐效應」從此迅速蔓延開來⋯

■二○一一年九月，電影上映不到一週，光州警方在社會輿論的壓力下組成專案小組，重新偵辦此案。同年十月，韓國教育科學技術部對全國住宿型學校展開全面檢查，設立專為防止身心障礙學生遭受性侵的「常設監督團」，並對全國教育機構從業人員是否有性侵前科進行調查。

■二○一一年十月四日，光州市政府教育廳、社福主管機關及民間團體代表組成專案委員會，決議撤銷仁和社會福利特教學校立案許可，限時勒令關閉。

■二○一一年十月二十八日，國會以二○七票贊成、一票棄權的壓倒性票數，通過《性侵害防治修正案》（又稱為《熔爐法》），大幅提高性侵身心障礙或兒童行為人的刑責，廢除原有七年公訴期規定，並規定若行為人在社福或特教機構服務，應加重刑罰。

■二○一一年十二月十九日，最高法院增設《對身心障礙人士實施性暴力犯罪法》，量刑標準較一般高出兩年。

■二○一一年十二月二十九日，國會通過《社會福祉事業法修訂案》，規定觸犯《性暴力特別法》和《兒童青少年性保護法》的行為人，十年內不得從事相關業務；若行為人是在社福或特教機構服務期間犯罪，將永遠被禁止從事社福事業經營管理，並確保社福機構的經營公開透明、納入外部監督力量。

一本小說、一部電影，燒出了民怨，撼動了政界、法界及教育界，扭轉了整個局勢。他們是怎麼做到的？

我當面問過孔枝泳這個問題，身為南韓天后級作家的她客氣地說，她寫《熔爐》的目的是希望扭轉民眾對新聞或性侵事件的無感，或許大家已經看太多，都變得麻木了，這讓她感到心痛。

至於《熔爐》產生的後續效應，她謙虛地表示超乎自己預期，並認為是社會氛圍使然，而不是小說本身的力量；但若要分析《熔爐》為何能夠如此撼動人心，應該是她寫的是「99％的人如何被1％的人欺負」，是這點引起群眾憤怒，迫使政府加快改革腳步吧。

我想起在《熔爐》電影的片尾，女主角說：「我們之所以戰鬥，並不是為了改變世界，而是不讓世界改變我們。」

在台灣的我們，做得到嗎？

3

因為受害又無法言語、所有哀愁與痛苦不知向誰訴訟的，不只台灣及韓國的聽障生，美國緬因州及夏威夷州聽障學校也發生過類似事件。

一九六○及七○年代，美國緬因州巴克斯特啟聰學校（Governor Baxter School for the Deaf）校長羅柏·凱利（Robert Kelly）及學務主任等教職員多次性侵學生，雖有家長察覺情況有異，校方卻以「跟同學玩太過火了」「小孩為引起大人注意故意說謊」為由搪塞。而且凱利在美國特教界頗負眾望，沒有人相信這所以「愛心為名」的學校會發生這種醜事。

一九七六年，校內三名老師鼓起勇氣向州政府舉發此事，教育當局竟然裝聾作啞，放任不管，直到一九八二年州首席檢查官親自調查案情，才讓真相大白。只是那時幾名狼師已經離職，提告期限也已經過了，沒有任何人被起訴。最令人震驚的是，已有若干受害學生有樣學樣，開始性侵其他同學。

很多人說，時間會撫平一切的傷口，但這對四十年前從巴克斯特啟聰學校畢業的詹姆斯·李維（James Levier）而言，卻是天底下最大的謊言。童年的受害經驗，正義的無法伸張，讓他與這件事牢牢編成一個任誰也解不開的死結，他知道，除非有所行動，否則自己終其一生將是痛苦

的囚犯。二〇〇一年，李維扛著一把獵槍，在超市前來踱步了一個多小時，試圖引起社會對這起塵封往事的關注，沒想到當地警方輕忽了李維的訴求，既不找手語翻譯，也不嘗試溝通，而且就在他準備放下槍械之際，率然將他擊斃。

唯一的安慰是，李維並沒有白白犧牲，他的死不僅引起公憤，亦促使民間組成「巴克斯特賠償局」（Baxter Compensation Authority），負責協助受害者處理賠償事宜，只要曾在該校受害的學生都可以申請賠償。此外，賠償局要求州政府負擔受害者終生心理諮商費用，以及因參加諮商而必須額外支付的兒童安親費用，並要求該校教職員進行兒童安全教育訓練，確認學生能以視訊電話系統對外聯絡或求救，不會被隔離在校內求助無門。同時，緬因州政府也決定修改相關法令，從此性侵兒童沒有訴訟時效的問題。（註3）

仁和社會福利特教學校及巴克斯特啟聰學校的情況，很符合孔枝泳說的「99％的人如何被1％的人欺負」，因為加害人（老師）與受害人（學生）的權力關係實在是太不對等了，就算是意圖掩蓋事實的部分官員或老師，恐怕也很難用「特教生就是這樣」來自圓其說。然而夏威夷特教學校的性侵事件，卻與台灣特教學校的情況如出一轍，都是「生對生」的性平事件。他們的經驗又是什麼？

二〇一一年，夏威夷州立聽障暨視障學校（Hawaii School for the Deaf and Blind）驚爆學生集體性霸凌，全校七十位學生至少有三十五人受害，受害年齡從十二到十六歲不等，事發地點

包括浴室、校車及室內游泳池等。據悉，這樣的情形至少已持續十年以上。

受害代表的委任律師麥克‧葛林（Michael Green）批評官方早在二○○九年四月、五月及六月便接到舉報，卻沒有任何作為，教育部反駁說該部「早已於學校內部進行調查，並立刻與司法部門合作辦案，而且在進行調查之始，便積極在校園內進行安全控管等各項措施，已確保學生及教職員的安全。」(註4) 然而憤怒的家長不滿教育部掩人耳目的說詞，決定提起集體訴訟，除了控告行為人，也控告教育部嚴重失職。

珍（化名）是受害學生約翰（化名）的母親。她說，約翰常在學校被「老大」（ringleaders）威脅，若是他不把衣服或遊戲機交出來，就會被揍或被強暴，逼得他不得不乖乖就範；若是他沒有東西可「貢獻」時，便會遭到老大的集體凌虐。孩子之間的事，珍也就認了，最讓她無法原諒的，是教育當局及校方早就知情卻默不作聲，事發之後又意圖隱瞞到底，這在她心裡，是永遠無法接受的殘酷。(註5)

律師、家長與學生指證例例，證據確鑿，教育部無話可說，只得撤換校長並公開道歉。二○一三年四月，教育部與受害家長達成和解，受害學生可依受害程度不同，獲得兩萬至二十萬美元不等的賠償金。此外，教育部必須以具體措施加強該校管理，包括訓練校車駕駛及助理員，在校車上加裝攝影機等器材，全校視訊電話全面升級，在校園內加裝攝影機及照明設備，並建制特殊保全系統，避免外人任意自門窗進出。

加強硬體措施，猶如亡羊補牢，不過，有總比沒有好。但受害孩子的未來怎麼辦？有誰能幫助他們、帶領他們航行出痛苦的過去，感受信念的汪洋？夏威夷聯邦法院為了搶救孩子，決定不待冗長的法律訴訟，逕行指派「獨立心理健康檢查員」（Independent mental health examiner，簡稱IMHE）進入該校進行評估。負責領導這個團隊的，是美國羅切斯特大學聽障中心主任暨精神科教授羅柏・波拉德（Robert Pollard）。

二〇一三年，波拉德教授曾應邀至台灣分享這段經驗。他說，IMHE團隊是由具有豐富評估及處理性侵受害兒童經驗的學者、臨床社工師、心理學博士及專業手語翻譯所組成，其中有兩位是聽障人士，能直接與學生溝通。他們兩度至該校進行現場勘查，與校方、法官、律師及其他關鍵人物會面，了解事件原委，評估學生、家庭、社區及相關制度及缺失。他們的評估方法包括：

■學生評估方法：由教育部整理律師及家長意見，選出十六位學生。團隊事前透過教育部提供的個人資料進行了解，再進行私人訪談，並利用兒童創傷壓力檢核表進行評估。團隊每天最多只評估兩位學生，最後將部分報告內容提供給本人；

■家庭評估方法：訪談十七位學生及其家人，了解學校、社區及國家支援系統與他們的關係，包括他們是否知道這些支援系統、如何取得相關資訊，及支援系統如何協助他們處理此事；

■制度評估方法：訪談四十位關鍵人士，以「由下而上」的研究方法，檢視從學校層級上推

至教育部層級的處理經驗及模式，並評估校園環境的安全性、政策及程序、性教育或預防性侵等相關課程的執行方式與成效，同時也確認該校官網是否提供足夠資訊；

■社區評估方法：訪談社區聽障組織、性侵防治單位及心理健康組織等機構與相關計畫內容。由於該校有半數聽障生的母語不是英語（包括伊洛加洛語、恰克語、馬紹爾語及中文），且家人不住在學校所在地，因此團隊特別訪問當地亞裔與太平洋島民組織，了解這些團體是否能協助受害者治療心理創傷。

最後，IMHE團隊根據所有評估結果，提出一百多項具體建議，同時擬出四階段計畫進行預防活動，而法院也主動與團隊共同推廣計畫，協助受害者在司法上獲得較為有利的判決。(註6)

夏威夷聽障學校的故事，和台灣特教學校沒什麼不同，唯一不同的是，他們的主事者能夠掌握先機，願意全力協助，才沒讓事態繼續惡化下去。反觀台灣官方總是在事發之後拼命追趕，到頭來還怎麼樣也追不上；況且全面評估需要投注的人力物力十分可觀，期待台灣官方能複製IMHE的成功經驗，想也知道是痴人說夢。

「所以，我們才會建議組專業輔導團隊，趕快進駐學校幫忙解決問題，」張萍急切地說：

「台灣有另一所特教學校出事，就是透過這個模式成功的啊！」

張萍口中的「另一所特教學校」，數年前曾發生七起生對生性侵案。當時教育局特教科找

來擁有三十年特教經驗的退休老師郭色嬌等人參與「特教學校評鑑」業務，藉此深入學校了解狀況。郭色嬌他們花了三個月完成評鑑指標，並在特教科的全力支援下，以「評鑑結果必須追蹤訪視」為由，召集了一批退休特教老師、心理師及社工師組成輔導小組，進駐該校協助處理後續事宜。

郭色嬌認為，性侵案不應只從法律面解決，而必須從教學面著手，因為「在學校感到無聊，是製造問題的溫床，如果孩子找不到學習的興趣，一定會出事」，而她設定自己的主要任務，就是落實特教學校經常忽略的「個別化教學計畫」（Individualized Education Program，簡稱IEP）。

IEP是特殊教育的重要管理工具，內容包括特教生的基本資料（家庭史、成長史）、評量診斷（學業、生活適應及情緒等）、學習方案（長短期目標、學習評量、教學資源、教育策略……），同時必須整合家長、老師及專業者的意見，為學生擬定出適合個人的教學計畫。只可惜不少特教老師寫的是一套，教的是另一套，或是一份IEP全班通用，完全違背個別化精神。郭色嬌等人進入該校之後，隨即展開一連串改革行動：辦理IEP研習會及教學觀摩討論、確立各種類別鑑定模式、辦理教學成果發表、落實追蹤訪視，同時她也會親自參加每位學生的IEP會議。她的要求既多又嚴格，自是引起不少反彈。但她顧不了那麼多，她無法忍受生命無端浪費消耗在虛應故事的感覺；許多事無法等待未來，她知道自己必須掌握「現在」，做出改變。

漸漸地，郭色嬌這個團隊「玩真的」的名聲傳開來了，不願配合的老師紛紛離職（該校在三年內，共有二十一名老師申請退休），也有老師選擇留下來與輔導小組共同打拼。「我知道有某些老師目睹性侵，卻把頭別過去，假裝沒看到，也有老師激動握住我的手說，阿嬌老師，謝謝你，孩子有希望了……」說到這裡，郭色嬌哽咽了。

除了緊盯老師教學及IEP，輔導小組也針對高風險學生成立「危機二十四小時服務方案」，由老師輪流排班，提供全天候輔導服務，至於有自殘傾向學生，則事前擬定危機處理流程，並外聘心理師及社工師進行個案輔導。數字會說話，一年下來，孩子的情緒穩定了，事件數量降下來了，第三年，該校性侵及性騷擾案件是零通報。

行政機關的支援固然是事件迅速落幕的原因之一，但若是沒有老師願意配合，春風依舊可望不可及。就拿郭色嬌來說，第一年她自願當志工，沒拿一毛錢，直到第二年才改領代課老師的薪水，沒有人要她這麼做，是她自己願意的。整頓學校當然很辛苦、很挫折，但她從來沒有放棄⋯⋯

「我覺得無論事情有多嚴重，也不可能整間學校都沒有心存善念的老師。只要找到那股善的力量，就能翻轉整個情勢⋯⋯我常說『不信春風喚不回』，只要用對方法，相信事情就會有轉機！」（註7）

對她來說，回憶不總是灰黯的，總是有些片段，閃閃發光。

1 截至二〇一三年年底為止，該校涉案主管職務只是略有調動（如互換），但仍為行政主管，而且沒有人被解聘。

2 見「監察院一〇二年婦女人權保障實務研討會會議手冊」P.7，二〇一三年六月

3 受害者 Rick Wormwood 曾出版 *Why I hate Macworth Island : Dark History of Macwoth Island* 一書，描述當年受害情況。以下網址可看到該書部分內容。http://www.portlandphoenix.com/features/top/ts_multi/documents/03885662.asp

4 引自「$5.75 Million Settlement Awarded to Deaf and Blind Students Sexually Assaulted by Gang at Hawaii Public School」，Malia Zimmerman，《Hawaii Reporter》，二〇一三年二月二十四日。

5 珍的說法同註3

6 夏威夷IMHE團隊的評估方法，引自「二〇一三聽覺障礙教育暨校園性平輔導工作坊」大會手冊，二〇一三年一月二十一～二十二日

7 郭色嬌的說法，引自她在「聞聲救苦從何做起？從南部特教學校性侵案開始」研討會的發言。

大衛與歌利亞

1

公視《有話好說》節目曾以特教學校事件為題，邀請各界人士討論。節目進行過程中，主持人不斷提出同樣的疑問：為什麼聽障學校老師竟然不會手語？如果他們會手語的話，是否就不會發生這些憾事？

台灣設立聽障學校已有百餘年歷史，不過聽障學校老師無須嫻熟手語，則是這一、二十年的事。目前特教老師的師資培育或資格審定，只分為「資優類」及「身心障礙類」兩類，身心障礙類則可再細分為智能、視覺、聽覺、語言、肢體等類別，只要主修一至兩個障別，就可參加甄試並取得教師證。

問題來了。不同障別學生的性質與需求差異那麼大，教師證卻不分障別，於是造成主修智障、對點字一竅不通的老師進入視障學校教書，或是主修視障、不會手語的老師負責指導聽障生

的現象。如果老師不願額外花力氣學習相關專業能力，別說教學了，就連日常與學生溝通都會產生困難。

為什麼教育部竟然會容許這種怪事？國立台中教育大學特教系洪榮照教授在分析台灣社會變遷與特教師資培育的文章中是這麼說的：

「近年來增設許多特殊教育班，但供需失衡仍然嚴重，各地方政府為提早因應少子化帶來減班的壓力，新聘特教師資的需求趨緩，從每年的教師甄試，粥少僧多的情況下，可了解特教師資培育過剩的情況也相當嚴重。特教師資培育的主要來源為台灣的三所師大以及改制前的九所師院，在二十年來相繼成立特殊教育學系，培育特教師資，近來因培育師資過剩，教師缺額不足，師範院校特教系雖有減班現象，但迄今未有停招之學校，加上一般大學、私校等也在培育特教師資，導致供需嚴重失衡。」（註1）

洪教授說得委婉客氣，說穿了就是：特教市場供需嚴重失調，教育部想不出對策，又不敢砸了老師的鐵飯碗，索性來個通通有獎，不管主修什麼，只要領有教師證，什麼障別通通可教。這種糊弄一氣的做法，固然「保障」了特教老師人人有工作，個個有飯吃，但一旦趕鴨子上架進入教學現場，師生互動出現問題，教學成效也會受限，雙方容易累積負面情緒。於是老師很挫

折，學生很痛苦，彼此像兩座佇立在汪洋中的孤島，明明近在咫尺，卻有如海角天涯。

為特教學校事件的核心，卻可能阻礙我們看見問題的癥結。

老師手語不夠好，無法與孩子溝通，當然是特教界必須正視的現象。然而把「手語不好」視

手語從來不是與聽障生溝通的唯一方式。有些孩子仍有殘餘的聽力，可以教他們口語，至於

完全喪失聽力的學生，也可以用圖卡、筆談、教他們讀唇語，或是用通用手勢，只要雙方能夠互

相理解，就算不會手語，也能明瞭對方想表達的訊息。然而該校若干老師卻一再表示：我們有上

性教育啊，而且都是用手語上的，學生聽不懂，我們也沒辦法。但好幾個孩子都告訴我，他們對

黃俐雅擔綱的那堂性教育講座印象深刻，而且從中學到很多有用的知識。咦，黃俐雅又不會手語

（現場有手語翻譯），為什麼他們就「聽」懂了呢？

如果手語不是師生溝通的最大障礙，那麼，問題出在哪裡？

2

幾年前撰寫《被遺忘的1979——台灣油症事件三十年》（註2）的時候，我一直想不通，為什麼高達兩千人受害、堪稱台灣有史以來最嚴重的食品公害事件，竟然消聲匿跡了三十年，始終無人聞問，就連受害者都覺得自認倒楣算了？隨著訪談與資料的累積，我慢慢理出一個再清晰不過的結論：受害者多半是社會的、經濟的弱勢者，沒有人在意他們的的死活。

這起特教學校事件也是如此。每次想來我總忍不住喟歎：怎麼可能？為什麼會發生這種事？

為什麼除了人本基金會以外，好像都沒有人關心，甚至還醜化人本「消費聽障生」？直到有次看到某電視台把「建中北一女家長反對十二年國教讓明星高中光環褪色」的新聞連炒了好幾天，我突然想起凱林媽媽說的：「這樣的孩子沒有別人會疼愛，只有我們自己來疼愛⋯⋯如果連我們都放棄了，就一點希望都沒有了！」

是啊，貧窮的、障礙的孩子總是沒有人疼愛。如果台北市精華地段明星學校發生「生對生」性侵案，不要多，三件就好，那些中產階級家長吞忍得下去嗎？學校敢拖著不處理嗎？教育當局敢裝聾作啞嗎？社會輿論會默不作聲嗎？當然不可能；一旦受害的是南部聽障生，卻人人噤聲不語，避重就輕。老師說，這些小孩就是這樣啊。學校說，他們只是在玩而已。中辦說，該罰的人

都罰了，還能怎麼樣。如此雙重標準，除了歧視，我想不出其他原因。

這件事接觸越久，了解越多，越容易陷入無解的情緒。沒想到，有人比我還悲觀，那就是輔大法律系教授吳志光。

第一次見到吳志光，是在人本舉辦的「聞聲救苦從何做起？」研討會。他長期擔任教育部性平委員會委員，並負責該特教學校行政調查小組工作，對教育體系的醬缸文化、官員心態的疏忽怠惰，有很深的體會與感慨。研討會那天，他在發言過程總是不斷地歎氣，我約略估算過，二十分鐘的發言，他至少嘆了七、八次氣，尤其最後他丟下一句「保證其他學校還有未爆彈」時，那種言之鑿鑿的口吻，聽得我全身起雞皮疙瘩。

我約他出來聊聊，才了解他那麼多的歎息是從何而來。

他說自己從事發之初觀察到現在，逐漸認清這不是一起個案，很多問題也不如表面看起來那麼簡單。

「一開始，我也以為學校應該是可以改善的，雖然不能立竿見影，但還是可以做點什麼吧。可是久而久之，我覺得問題沒有那麼單純，那是整個文化、整個結構的問題，不是機器什麼零件壞了，只要換一個零件就解決了。」

在他看來，要求現有特教師資將性教育轉化為聽障生能夠理解的知識，簡直就是不可能的任

務。根據他的了解，多數老師是在分發之後才開始學手語，根本無法期待師生溝通無礙；再加上文法手語及自然手語的差異，要求只學文法手語的老師了解學生、進入他們的世界，無異是緣木求魚。「比方說『我愛他，就可以跟他上床嗎？』『性與愛有什麼差別？』這些老師平常連用講的都不見得能講清楚的概念，怎麼用手語教？怎麼用筆談？我們期待老師既要有專業、又要會手語、還要有足夠的教學經驗，現在要去哪裡找這種老師？」他語氣激動地說。

吳志光認為，台灣固然不乏心理輔導專業人才，但要將專業知識傳達給聽障生，仍然得透過手語翻譯，就算把專業人才的手語能力訓練到一定程度，再將性知識轉化為聽障生能夠理解的內容，這其中還有太多、太多的關卡需要突破了。

「很多老師都說，你們不必再辦什麼性教育工作坊了，沒有用，要讓小孩懂，必須演給他們看。你們不用告訴我怎麼教，請你們演給我看，我才能現買現賣」，吳志光認為這些第一線老師的心聲很值得重視，可這也意謂著目前普遍使用的性教育教材，對特教生來說並不適用。問題是，教育部願意為特教生付出多少心力呢？

「我一直很難想像、也很難期待『特殊教育』會成為教改運動的一環。教改弄了多久？二十年了吧，請問教改agenda曾幾何時有過特教議題？沒有嘛！教改議題始終是菁英主義的，是中產階級的……你想想看，我們為十二年國教花了多少時間，投注了多少資源？我們的社會願不願意用這個資源的三分之一來做特教？……對照多數特教生家庭既沒有權勢，也沒有地位，講難聽一

點，這裡面當然有階級的問題！」

至於人本「專業團隊進駐」的建議，吳志光也不表樂觀。他以清代姚啟聖發餉的故事，說明自己樂觀不起來的原因。

姚啟聖是清康熙年間的福建總督，他為收復台灣招降鄭氏官兵，曾多次自掏腰包給俸發餉，以安置投誠的官兵。有天他意外發現，明明是一人發五十兩，怎麼到了官兵手上卻只剩五兩？這裡頭暗藏的玄機，也就不言可喻了。姚啟聖是個清官，他既不愛錢更不貪汙，然而眼見自己手下從中揩油，究竟是捉，還是不捉？最後，他決定睜一隻眼，閉一隻眼，算了。收復台灣是何等大事，他需要人手，自己一個人，他辦不到。

「所以，我覺得專業團隊進駐的問題，也沒那麼容易。我們假設可以找到幾個有理念、也有理想的專家進去學校好了，請問他們要找誰一起做事？我為什麼一直講姚啟聖的感慨？因為姚啟聖沒有能耐親自發餉，只能透過那些他也知道很糟、很差的人嘛，如果把他們全部換掉，就什麼人都沒了嘛！專家不可能事必躬親，必須利用既有師資，可是這又牽涉到結構性的問題了…找既有系統的輔導老師，請問他們跟原來學校老師的差別在哪裡？可能比較不會隱匿不報……這也只是亡羊補牢，沒有辦法讓學校脫胎換骨嘛！你可以罵學校這些老師很爛，不知道檢討，可是罵完以後，又怎麼樣？還是解決不了問題！」這時，他的招牌歎氣聲又出現了。

「學校確實是有些老師可以被我們貼上『可惡』的標籤，畢竟他們是主事者，要負很大責

任。可是……我這樣說好了，阿扁貪汙令人髮指，馬英九無能令人痛恨，但這兩者還是有差別的，你懂我的意思嗎？這些老師不是說可惡到是幫凶、劊子手，他們只是無能而已啊！今天學校真正的問題在於教育如何滴水穿石，而不是只是『止血』而已……這就好像大家整天罵馬英九，不過你以為換掉『軟腳馬』以後，台灣就會比較好嗎？這就是今天我在這所特教學校看到的情況——就算把所有老師換掉也沒用，因為我們找不到足以取代他們的人！」

這些分析很理性客觀、很有層次，也很有道理。只是如此清醒的說法，真教人難以下嚥。

或許是察覺到我神色有異，吳志光一改趕火車般急迫的說話速度，（又）歎了口氣，說：

「我大概有點像馬克斯，比較像社會病理家。充滿理想主義的話，我也講得出來，不過基於經驗法則，如果要談整個制度建構、教改什麼的，我發現，理想啊，唉，好像很難實現，好像只是空中樓閣，講一講自己也會洩氣……在我看來，這所學校的問題不只是教育改革，它需要的是一次教育革命！」

教育體制崩壞，老師既渴望救贖、又害怕改變的矛盾情緒，在整起事件中一覽無疑。或許，這些老師既不刻薄，更不殘忍，他們在面臨危機、處境艱困時，只是不知所措，於是出於本能地攻擊別人、撇清責任，做出很多差勁的事來。他們只是恐懼而已。

這是場太艱難的戰役，面對的不只是生鏽斑駁的體制、各方害怕改變的阻力，最大的敵人，或許就是我們自己。

我大概被吳志光傳染了，也很想長長歎一口氣。

3

每次見到張萍，我都能感受到強烈的焦急與無奈。她與人本同仁持續不斷地呼籲及抗議，始終無法喚起外界的關注與援助，難免導致巨大的無力感及受創的心靈。

如果台灣是個沒有是非、沒有熱情的社會，當然讓人疲憊失望。可是我們不是有紅衫軍、白衫軍，以及願意為蘇建和、洪仲丘、張藥房走上街頭的熱血人士嗎？為什麼這群聽障孩子的苦，大家好像都聽不到、也看不到？

如今再追問「為什麼」「怎麼會」，已經沒有太大意義了。重要的是，怎麼辦？

直到我讀學者李丁讚的〈公共論述、社會學習與基進民主：對「食物中毒」現象的一些觀察〉，才彷彿找到了部分可能的解答。

李丁讚在該篇論文中指出，台灣社會有種「重複」的特殊現象，也就是同樣錯誤或悲劇總一再重演。每次事件發生，社會輿論發表諸多看法及解決之道，然而呼籲歸呼籲，處罰歸處罰，就

算官員丟官或是遭到彈劾，中毒事件還是繼續發生。為什麼？李丁讚認為，這牽涉到台灣公共論述面臨的幾個問題，包括：

一、當事人的缺席：參與事件論述的有官員、媒體、民代及民間團體，但真正的當事人，包括廚師、跑堂、餐廳經理、市場小販及消費大眾沒有被邀請發言，也沒有自行討論。在當事人缺席的情況下，「餐飲衛生」論述只是理論，與實踐及行動無關，且論述重點偏重法律與管理，忽略規範與自律層面。

二、只有原則，而無細節：論述內容充斥原則與理念，極少觸及施行程序及技術等。當官員要求「全面加強檢查」時，如果餐飲業者自覺很衛生，對作業程序中有不合標準之處也一無所知，這樣的「加強檢查」沒有太大意義。

三、論述的單階性和單向性：任何人或媒體都只站在自己位置發言，既不參照其他說法，也不與其他發言交互溝通，說完了就沒了。也就是說，這些論述比較像是「獨白」，缺乏面對面的、聚集性的溝通。

簡言之，李丁讚認為社會沒有能力從經驗中學習的關鍵，在於當事人的缺席，導致論述只能停留在概念層次，無法進入細節或情感連帶，因此也就無法轉化成當事人實踐和行動的力量。

讀到這裡，我已經快拍案叫好了，簡直就跟特教學校事件的情況如出一轍！待我再讀到文章描述地方衛生單位到各地進行食品安全教育的文字，發現只要把「衛生單位」改成「教育單

位」，把「廚師」改成「老師」，便可發現兩者雷同之處：

「各地方的衛生單位倒是經常做食物安全衛生教育……承辦人員對整個講習會的安排也相當用心……為什麼這些衛生教育的效果仍然有限呢？我認為原因有兩個，第一個……就是衛生教育中缺少社會性，或雙向性，大部分仍然是延請專家講課，或是透過圖片的靜態展出，這種教育方式由於缺乏第一線作業人員的主動、積極參與，交互性的社會溝通並不存在，知識很難為當事人『了解』，更不要說應用了。第二個原因也許更重要，就是整個衛生教育中缺少情感性的論述基礎。換句話說，衛生教育被視為行政官僚程序中的一環，並不存在著情感基礎。參與講習的廚師，多是在官方的規定或要求下來參加的，心態上自然帶有應付性質，當然沒有豐富的感情內涵，更不要說倫理關懷了……因此，講習會獲致的知識，頂多只停留在認知層次，很難化為行動，因為倫理性和情感性不存在的話，廚師們就很難賦予這些講習會所得到的知識任何主觀意義，也因此，回到自己的廚房之後，就把這些知識放一邊了。」（註3）

最後，李丁讚語重心長地指出，社會現象的變革，不能、也不應寄託在官方或菁英，也不能只是透過強加的教化性工作；至於該如何引發第一線人員的熱情加入，他建議以基進民主的機制

「規則（細節）必須由當事人親自參與論述後制定，為這些當事人所同意或是他們的共識。

這種情況下的規則，才具有神聖性，也才可能被轉化成主動性的實踐和行動。所謂情感性，係指

社會論述必須有豐富的情感為基礎，是在社會具體的危機衝突事件下進行，才能真正引發參與者

的倫理關懷，也才能主動賦予一個論述以及其所生產之規則豐富的個人意義……社會學習才變成

可能。」（註4）

套用李丁讚的研究模型來分析特教學校集體性侵事件，答案似乎是呼之欲出了。

過去幾年以來，教育部及校方不斷強調「加強管理」的決心，企圖以「懲罰」來嚇阻案件繼

續發生，著重的仍是「管制」與「處罰」，至於改善方案也只是原則或理念，並沒有進入應用的

層次，這對必須實際處理事件的老師來說，當然沒有太大用處。因此，除非教育當局的訓練及要

求能納入老師需求，了解他們實務操作層面的困難，才有可能讓原則或理念轉化成實踐的行動。

（註5）

說來說去，只怪台灣教育體制已經怠惰太久了，從來沒有從重複的不幸中累積經驗，發展出

新的處理模式，一旦學校發生性侵案，都只是被動接受事實，不曾讓它轉化成經驗，難怪老師們

很難從中有所學習，也不認為自己有責任。

不只是公部門這樣，媒體與社會輿論又何嘗不是如此？不論是要求教育部嚴格監督也好，或制定更嚴厲的罰則也罷，議論的重點仍是圍繞著法令及管制層面打轉，僅有少數人提出「是教育問題，不是法律問題」的主張，企圖將問題拉回教育層面解決，只可惜社會大眾只要看到有人道歉，有人下台，就覺得是功德圓滿，所有檔案可束之高閣。Case closed！

或許，該校很難在短時間從「地獄」變成「天堂」，畢竟，七年之病難求三年之艾。但若是給教育體系五年、十年或二十年的時間，努力將特教體系師資養成過程、專業能力培養等缺失逐一檢視並修正，仍舊沒有改變的可能嗎？我們不期待整間學校脫胎換骨，但，至少總是個新的起點與新的可能，不是嗎？

追根究柢，讓我們感到失望及悲觀的，不是法律或體制，而是人性，因為人性的自私與怠惰，常會轉向平常看不到的黑暗。就像很多人私下討論此事總是振振有詞，義憤填膺，若真要談起解決方法或具體行動，全都沉默如剪舌，只剩自憐自艾的哀聲歎氣：「唉，制度這樣，政策如此，我一個人做不了什麼，也無能為力。」

就算制度是這樣，政策是如此，學校發生如此嚴重的事件，負責官員及老師絕對逃脫不了責任──任何制度或政策，若是沒有他們的支持與認同，不可能有效地貫徹及執行。他們選擇沉默，就是默許這些不當的決策與做法。

但我總是想，只要一個人，或許兩個人，拒絕接受既有的、習以為常的想法與做法，會產生什麼樣的結果？前車之鑑太多，沒人會天真到以為美德與勇氣可以創造奇蹟，但我們祈求的不是奇蹟，而是改變，別忘了蝴蝶效應：巴西的蝴蝶輕拍翅，美國德州龍捲風就在形成之中。這樣的期待，有沒有實現的一天？

日前收到D老師來信，說他在學校的處境依舊四面楚歌，甚至有變本加厲的態勢。每當挫折沮喪的時候，他就會聽劉若英的〈繼續——給十五歲的自己〉這首歌鼓勵自己：

繼續走下去　繼續往前進

路旁有花　心中有歌　天上有星

我們要去的那裡　一定有最美麗的風景

都不要放棄　都別說灰心

不要辜負心裡那個乾淨的自己

痛到想哭的時候　就讓淚水洗掉委屈

我們要相信自己　永遠都相信

來到這個世界不是沒有意義

我們做過的事情　都會留在人心裡

會被回憶而珍惜

有一天　我將會老去　希望你會覺得滿意

我沒有　對不起那個十五歲的自己

信的結尾，他豪氣萬千地說：「我沒有權利悲觀……而且這場仗，我一定不會輸！」

大衛手無寸鐵，只有一只彈弓及小小的石塊，怎麼看都沒有勝算，卻還是擊敗了巨人歌利亞，原因或許不在他拉弓的技術有多高明，而在於他的無畏與莽撞，他的浪漫與樂觀。D老師的信，終於讓我有點樂觀了起來，或許他與張萍這群人一時無法改變什麼，但他們的努力勢必將影響下一代，讓未來有更多不怕死的大衛，義無反顧地拿起彈弓，瞄準堅不可摧的體制，奮力一擲。

1 〈我國特殊教育師資培育之探討〉，洪榮照，《特殊教育現在與未來》P.75，國立台中教育大學，二○一一年一月

2 本書描述一九七九年油症（多氯聯苯）中毒事件始末。詳見《被遺忘的1979——台灣油症事件三十年》，陳昭如，同喜文化，二○一○年十月

3 〈公共論述、社會學習與基進民主：對「食物中毒」現象的一些觀察〉，李丁讚，《民主·轉型？台灣現象？》PP.265～266，桂冠出版社，一九九八年

4 同註3，P.269

5 「老師」與「廚師」的角色是否可以相提並論，自是不無疑問，畢竟老師是公務員，廚師不是，兩者在權利及義務上有極大差異。筆者只是嘗試提出可能解決困局的思考方向，期盼各界有進一步的討論與分析。

尾聲

我一直忘不了《熔爐》電影裡有一幕畫面：揭發校方惡行的姜仁浩老師站在鎮暴警察前面，不斷高聲叫著：「這個孩子聽不到，也沒辦法說話……」他的聲音一次又一次被警察的高壓水柱給打斷，聽起來是那麼地虛弱無力，他依舊不停地大喊：「這個孩子聽不到，也沒辦法說話……」

他們真的是聽不到、也沒辦法說嗎？如果「聽不到」與「說不出」僅限於感官障礙的話，或許是吧。但我總覺得，語言不是絕對優勢的溝通工具，聽障者的感官敏感而貪婪，周遭環境的線條、顏色與氣味，旁人的神情手勢及語調，他們從不會放過。他們極為細心而敏感，善於察覺環境與人們態度的變化；他們一切都瞭然於心，只是選擇默不作聲。

如果是天生的失語，也就算了，然而這些孩子的沉默，卻是無奈、被迫的。過去的經驗讓他們深知該如何自保，如果說出來了，只會被罰而已。他們不是無法發聲，或是聽不見世界的嘈雜，而是被外界硬生生地貼上「沉默者」的標籤，要求他們不要出聲。

原來，沉默會讓人如此恐懼。

我一度懷疑，要他們打破沉默，把一切說出來，妥當嗎？把最私密的傷痛公諸於世，會不會對他們造成傷害？繼而想想，或許讓他們聽見自己的聲音、自己的憤怒，是面對極致恐懼的自我救贖。這可能是讓他們好過一點、有一點著力感的方式。

如今他們說出來了，用著並不平靜的口吻，卻是盡可能地說出來了，這樣的勇氣，著實讓

我折服。相形之下，我們這些有耳能聽、有口能言的人猶如語言的囚徒，既不願聽，也不敢說。

當然，每個人都有各自的難言之隱、內心恐懼和自我懷疑，尤其牽扯上這種既敏感又尖銳的麻煩事，處處是地雷，吃力不討好。想要伸張正義？一吐怨氣？上網罵馬罵扁就好了，反正臉書、推特及微博裡，充斥著這類義憤填膺的聲音，不是嗎？

孩子相信老師、相信大人，是天經地義的事。如果那樣的信任出現汙點呢？如果老師拒絕、也背叛了孩子呢？如果沒有人認錯，也沒有人請求孩子原諒，那麼揭露真相的意義又是什麼？孩子的眼淚沒有完全乾涸，掙扎著想要康復，卻因說真話而遭到孤立與隔離，生活在一個沒有希望、沒有明天、沒有未來的日子中。這樣的痛苦，如果沒有人代替他們說出來，外界是很難體會的。

這件事幾乎摧毀了我對人性的天真看法。後來，是珊珊改變了我。

有天她傳簡訊「預告」要跟我說件大事，我問是什麼事，她卻賣關子似的說，到時候你就知道啦。見面時，她神祕兮兮地拿出手機，秀出一則簡訊給我看：「對不起，是我勉強你。請原諒我」，署名○○○，一名欺負過她的少年。

「他跟你道歉？」我驚訝極了。因為對方接受調查時一再否認強迫珊珊，讓珊珊非常憤怒。

「嗯，」珊珊點頭，像是在思索貼切的字眼：「所以，我決定原諒他。因為，日子還是要過下去。」她說得清清楚楚，不用筆談，也不必翻譯。

珊珊口中的「原諒」，是不是個適切的字眼？我並不確定。至少，她帶著悲傷與痛苦換來的智慧，決定接納過去的一切；她原諒對方是為了自己，讓自己自由。平時我鮮少詞窮，在那一刻，我卻完全說不出話來。

但，這不是故事的結尾。二〇一三年八月十六日，公務員懲戒委員會懲戒結果出爐，十六位被監察院彈劾的名單之中，只有十人受到懲戒（最嚴重者記過兩次），沒有人被撤職，也沒有人因為國賠成立而被教育部求償，等於是用全民納稅錢替國賠案買單；至於教育部中辦主任藍順德等人則未受到任何懲戒。二〇一三年十月人本再度召開記者會，指出該校至今仍無法有效杜絕案件的發生（註1），抨擊教育部放任學校空轉。唯教育部卻表示「學校已穩定進步」，該校則以「大家都希望朝未來走下去，期待社會給學校老師一個機會」（註2），未再多做回應。

真相不明、又無疾而終的案子很像輻射外洩，前面問題沒有處理好，後面麻煩肯定不斷，甚至可能毒害未來；而官員及老師自我辯護、拒絕認錯，讓外界誤以為是人本炒作、媒體誇大，更讓人為之氣結。這對參與了八場記者會、一場研討會、協助數十個家庭處理案情、陪著孩子奔走於上百場偵查庭與調查庭的張萍來說，真是情何以堪。

「學校和教育部的人每次都問我：你們到底要什麼？如果要我們道歉，我們可以再去道歉啊！」張萍憤怒說道：「我真不明白，他們怎麼可以一邊道歉，一邊否認自己有任何疏失，又拒絕向做錯事的人行使代位求償權呢？……我們不要不知所以然的道歉！沒有真正負起責任的道

歉，根本就沒有意義！」

「道歉」的重點從不在於次數多寡，而在於它必須發揮力量——道歉者願意徹底劃清是非對錯，為彌補展開一條寬闊的路。如果主其事者願意正視問題，誠心地認錯與溝通，就能打破所有的衝突與紛爭，讓受害者的夢魘結束；也唯有如此，才能讓受害者的傷痕得以撫平，讓加害者扭曲的人性得以復原，正如家長們一再強調的：「我們不是不願意原諒，我們要的，只是誠意誠意的道歉！」

原諒不是對不公不義視而不見，唯有是非曲直弄清楚了，才有可能原諒。這起事件單靠少數人的努力，是不可能解決的，唯有累積足夠的社會關注與壓力，才有可能改變。所以，我們不能再保持沉默，再睜一隻眼閉一隻眼，我們要教育當局承認，聽障孩子也有作為人的尊嚴；讓他們看見，聽障孩子也有幸福的權利；讓他們知道，聽障孩子也不能沒有夢想、希望和未來……

讓這些滿是舊傷口的孩子懷抱著新希望，活下去。

1　根據教育部的說法，十三件案子中有十件都是性騷擾，另外三件則不是性侵或性騷擾案。但根據張萍持續與某行為人聯繫的結果，確認他在二○一三年曾在校外犯下一起性侵案，如果教育部不是被矇在鼓裡，就是說謊。

2　〈懲處全落空 ○○○遭彈劾竟功過相抵〉，林朝億，新頭殼網路新聞，二○一三年十月九日

跋

一般人總以為任何事情非黑即白，非對即錯，非惡即善。所以，我們喜歡從事可以分出勝負的遊戲，不樂於看到和局；我們傾向找出真凶，深信只要把這個人揪出來，惡事就不會再度發生。

只是，人心遠比想像中要來得複雜。是非曖昧、處於灰色地帶的情況，實在是太多太多了，回顧這起特教學校性侵事件，尤其如此。

著手了解事件原委之初，各方人馬眾說紛紜，不同的聲音代表不同的信念，各自十分篤定，令人茫然摸不著頭緒。隨著訪談次數與資料蒐集的累積，諸多鮮為人知的事實逐漸浮現，我才赫然驚覺，原來人們為求自保時，竟然會如此殘忍。

很多人告訴我：「外界不了解老師的苦處，沒有資格評斷他們！」這種說法，儼然意謂著如果不在現場，或者不是當事者，便缺乏臆斷是非的能力。但就我看來，這是誤解了「評斷」的意義——至少，法官判案從不需要親眼目睹惡行，也不曾預設自己不會犯同樣的錯，他們只根據證據判斷。至於本書的評斷證據是什麼？各類官方調查報告及彈劾文等說明了一切，只可惜多數人

（包括媒體）都沒有太大興趣詳細查閱，造成事實真相鮮為人知。附帶一提的是，本書刻意隱去學校名及被懲處教職員姓名，並非我稟性良善，而是他們的所作所為未必是特例，我不願針對特定學校或老師進行批判，制度性的、結構性的理解與審視，才是我期待的後續效應。

請容我再次引用書中曾言：**現實的殘酷從不曾讓人在面對惡行時的緘默，在道德上更具有說服力。回望事件始末，赤裸裸的殘忍荒謬，在在衝撞著既定道德界線與倫理範疇，那是法律無法適當懲罰、也無法真正解決的課題。除非揚棄唯物的、唯懲處至上的思維模式，才能找出更為穩固的討論基礎。**

撰寫本書最困難之處，在於要描繪細節到什麼程度。幾經考慮，我決定讓筆法更為節制，能說的，我都說了，更多不能說的，也只能點到為止。基於同樣的理由，我刻意不讓自己的意見或情緒介入太多，或許不算成功，但我已經盡力了。

感謝所有願意受訪的朋友及孩子，尤其是人本南部辦公室主任張萍的全然信任與全力支持。

這一年來，他們的身影總是不時地穿梭在字裡行間，伴隨我走過這段異常煎熬的書寫時光。

附錄：大事記

人本教育文教基金會南部辦公室提供

2006

5月

5日　婉柔媽媽致電A導師，A導師否認知情。

6月

6日　媽媽到地方派出所報案。

10日　媽媽帶婉柔到人本教育基金會求助。

15日　人本代家長要求學校依據《性別平等教育法》展開調查，B校長說已進入司法程序，學校毋須調查。

25日　學校調查確認婉柔被性侵屬實。

2007

4月

18日　大文被地檢署依法起訴。

9月

17日　地方法院宣判，大文被處以兩年六個月徒刑，家長不服提出上訴。

12月

14日　婉柔家長向學校提出國家賠償請求書。

2008

1月

22日　學校來函稱婉柔國賠協調不成立。

25日　台灣高等法院○○分院宣判大文有期徒刑三年。

2009

4月

該校某導師強制猥藝女學生案，學校遲不懲處，經人本聲稱要去拉布條抗議，學校才予以解聘。

11月

6日　立法院通過《教師法》第14條修正案，明訂教師涉及性侵，經性平會調查屬實，立即解聘，解決校園長期包庇性侵害老師的問題，其中附帶決議：學校如果知情不報，主管機關要對相關人員處以大過以上處分，十一月二十三日實施。

11月

30日　地方法院駁回國賠請求。

2010

3月

最高法院駁回大文上訴，維持高院三年有期徒刑判決，大文入監服刑。

8月

人本接獲家長投訴該校發生諸多管教不當事件。

9月

教育部增訂《公立高級中等以下學校校長成績考核辦法》第7條：「執行職務知有校園性侵害事件，未依規定通報」者，記大過。

10月

人本接獲家長舉報該校發生數起性侵案，張萍開始訪問家長及學生。

24日 人本拜訪學校，C校長表示學校已加裝監視器，且「家長已經道歉了，還要調查嗎？」

12
月

14日 立委陳節如邀集教育部中辦、特教小組及校方召開協調會，校方承諾將調查小組進行調查。

16日 教育部召開性平委員會，主任委員為教育部長吳清基，中辦專案報告該校發生九件案件。

2011

2
月

16日 高院宣判學校應賠償婉柔精神慰撫金、看護費及醫療費用共一百一十八萬六千六百六十元。

3
月

3日 立法院三讀通過《性別平等教育法》部分條文修正案，規定學校任用教育人員或其他專職、兼職人員前，應該查核有無犯罪記錄；若查有性侵害、性霸凌、性騷擾等行為，可予解聘或不續聘。

6
月

10日 立委陳節如、人本基金會、教育部中辦及學校召開座談會（此時案件數已達五十一件），要求在半年之內解決問題。人本要求執行《特殊教育法》評鑑業務，中辦以「沒有評鑑標準」為由表示礙難執行。

15日 人本向教育部檢舉該校違反《性別平等教育法》，教育部組專家調查小組進行調

查。

人本接獲學校性平調查報告，發現隱匿不報等諸多問題。

人本擔心小學部學生畢業進入中學部校區就讀後繼續受害，決定召開記者會。

8月

9月

20日 中辦羅清雲科長致電請人本不要開記者會。

21日 人本召開「充耳不聞、視而不見、隱匿不報、見死不救」記者會，指控學校爆發一百二十八起性平事件。C校長反駁說：「只有七十一件，沒有人本說的那麼嚴重！」壹電視標題指出：「笨蛋，問題不在數據！」

23日 吳清基道歉，並說C校長「勇於任事」，人本再開「專家團隊盡快接管學校」記者會回應；中午教育部突然宣布C校長調職，學校改由中辦接管。

26日 人本南下召開「還是需要專業團隊」記者會，遭該校資深教師抗議。

27日 教育部版調查報告出爐，回函給人本，其中詳列中辦及學校重大疏失；吳財順次長表示將協助受害家長聲請國賠，並向失職老師追討國賠金額但事後並未追討。

10月

29日 立法院教育委員會安排教育部長進行專案報告，吳清基三度感謝人本，對於專家進駐學校一事則不願回應。

4日 教育部中辦發函要求該校教職員要遵守出勤規定。

17日 該校發布公告要求同仁不得私下串聯抵制監察院傳訊。

11月

15日

立法院三讀通過《教育人員任用條例》修正案，只要涉性侵罪遭判刑確定者，終身不得再任教育人員，已任用者也應予解聘或免職。明知校內發生疑似性侵害事件，卻未依法通報、致再度發生者，或隱匿相關證據，也予解聘或免職，不得再任教育人員。

12月

6日

教育部公布懲處名單，除C校長被記過，中辦主任藍順德被記過兩次，無人下台。這也是教育高層官員歷來遭到最嚴重懲處。

7日

行政院長吳敦義指示教育部應重新檢討失職人員懲處是否過輕，但教育部仍維持原議，且受懲處教職員皆不服提出申覆。

14日

立法院院會三讀修正通過《教師法》部分條文，曾性侵害犯罪判刑確定的人，以及知道校園裡發生疑似性侵害事件，未依規定通報，或偽造、湮滅隱匿別人犯罪證據的人，應該解聘。

2012

1月

11日

人本赴台北地方法院地檢署按鈴申告，告發吳清基和藍順德違反刑法第130條「廢弛職務釀成災害罪」。

30日

人本代理五名受害家長提出國賠申請。

2月

該特教學校改隸台南大學，E校長上任。

3月

16日 田秋堇等立委召開「特教學校性侵案　教育部責任未了」記者會，指出學校未依《國賠法》在申請六十日內做出結論，更未通知教育部派員參與協商。教育部中辦副主任楊茂壽表示會在一星期內督導學校召開國賠協議。

23日 第一次國賠協調會，校方否認有通報或管理疏失，並否認性平調查認定之事實。五件申請國賠案中，學校對三案拒賠，其他最高只願賠二十五萬。

4月

20日 總統府公布國家人權報告，專項說明該校集體性侵事件。

5月

30日 第二次國賠協調會。該校律師：「你們想的是學生，我在乎的是公務員。」學校最後提出五案的賠償金額分別是二十萬、三十萬、四十萬、五十萬及六十萬。

25日 第三次國賠協調會。E校長以家長未出席、人本不保證不向教職員代位求償為由，匆匆宣布散會。

6月

16日 監察院調查指出有一百六十四起性平案，比教育部陳報給監察院的八十七件及人本指出的一百二十八件還多；同時該院並通過彈劾中辦藍順德主任等十六人，創下監察院第二、三、四屆以來，彈劾人數最多紀錄。

7月

23日 人本召開「彈劾不能成為空包彈」記者會，呼籲教育部立即解聘隱匿不報教職人員，並讓專家團隊接管學校。

2013

8月 16日 監察院提案糾正教育部、內政部、該特教學校及學校所在地地方政府。

8月 30日 第四次國賠協調會，最後達成三件協議，分別為一百二十萬、一百三十萬及一百五十萬，另兩件目前仍在進行訴訟之中。

9月 3日 人本按鈴控告教育部及學校教職員共三十二人「廢弛職務成災」及偽造文書。

11月 7日 人本召開「國賠要徹底 國家要負責」記者會。

4月 8日 教育部同意學校「國賠處理小組會議」決議，不對失職教職員進行代位求償。

8月 8日 立委鄭麗君等召開「這件事情不能空轉！」記者會，抨擊公懲會功能不彰，且該校性侵及性騷擾案並未終止，一年半內又通報三十二件。

公懲會懲戒結果出爐，十六位被監察院彈劾者，只被輕懲甚或不受懲戒。

10月 21日 立委鄭麗君在立法院臨時提案，要求教育部在兩個月內組成專家團隊進駐該校。

11月 28日 立法院第八屆第4會期教育及文化委員會第15次全體委員會議，蔣偉寧部長表示他「持續關注一切」，對於立委田秋堇質疑「為何失職公務員不用代位求償」，只說「一切依法辦理」；該校校長聲稱「張（萍）主任要求的事，學校都照做了，我們互動十分良好」，甚至未顧及隱私地說出某受害學生姓氏及現在就讀學校，現場嘩然。張萍質疑該校學生人數已由三百五十八人降至兩百人，但通報

量仍如往常一樣，教育部及該校嚴重失職。

國家圖書館出版品預行編目 (CIP) 資料

沉默：台灣某特教學校集體性侵事件 / 陳昭如著. -- 初版.
-- 新北市：我們出版：遠足文化發行，2014.01
面；　公分. -- (年度議題；2)
ISBN 978-986-90246-0-0(平裝)

1. 學校安全 2. 性侵害 3. 個案研究

527.59　　　　　　　　　　　　102025845

年度議題②

沉默：台灣某特教學校集體性侵事件

作　　　者—陳昭如

總　編　輯—賴佩茹

插　　　畫—狐狸・王佩于

美術設計—狐狸・王佩于

助理編輯—劉盈君

出　　　版—我們出版

社　　　長—郭重興

發行人暨出版總監—曾大福

地　　　址—231-41 新北市新店區民權路一〇八—二號九樓

電　　　話—（〇二）二二一八—一四一七

傳　　　真—（〇二）二二一八—八〇五七

發　　　行—遠足文化事業股份有限公司

劃撥帳號—一九五〇四四六五

客服專線—〇八〇〇—二二一—〇二九（讀書共和國出版集團）

E－MAIL—service@bookrep.com.tw

網　　　址—http://www.bookrep.com.tw

法律顧問—華洋國際專利商標事務所　蘇文生律師

定　　　價—三〇〇元

初版一刷—二〇一四年一月

初版二刷—二〇一四年九月